BLITRIS

LA FILOSOFIA
DEL DR. HOUSE

PONTE ALLE GRAZIE

Il nostro indirizzo Internet è:
www.ponteallegrazie.it

Prima edizione: settembre 2007
Prima ristampa: ottobre 2007
Seconda ristampa: novembre 2007

Ponte alle Grazie è un marchio
di Adriano Salani Editore S.p.A.

ISBN 978-88-7928-933-7

A Flavio Baroncelli

Prologo

> Davvero non riesco a capire come si possa leggere *Mind* invece di *Street and Smith*. Se la filosofia ha qualcosa a che vedere con la saggezza, senza dubbio in *Mind* non ce n'è neppure un granello, mentre spesso se ne trova un granello nei racconti polizieschi.
>
> LUDWIG WITTGENSTEIN

Non ci sono cose degne o indegne di attenzione filosofica, ma solo buoni o cattivi modi di fare filosofia sulle cose. Tutte le cose. La filosofia non dovrebbe rinunciare a niente, nemmeno alla televisione. Tanto più che, oggi, l'essenziale, nel bene e nel male, e al di là, passa proprio attraverso il piccolo schermo.

Ha ragione la filosofa americana Avital Ronell quando dice che Aristotele, molto probabilmente, si sarebbe interessato alla televisione. E, molto probabilmente, una *Poetica* aggiornata all'epoca della TV non potrebbe fare a meno di misurarsi con le serie *made in*

USA.[1] È proprio una di queste serie televisive, *House M.D.* (più noto in Italia come *Dr. House – Medical Division*), che metteremo qui alla prova dell'interrogazione filosofica – forse perché, noi per primi, ci siamo sentiti sfidati da House proprio sul terreno della filosofia. E abbiamo raccolto il guanto.

Chi è House? Un medico d'eccezione, scontroso con i colleghi, con i pazienti e anche con i suoi (pochi) amici. Ma prima ancora, un genio ossessionato dai suoi puzzle. Ma prima ancora, un dissacratore della morale e un trasgressore della legalità. House non riconosce alcuna autorità: è un anarchico logico, epistemologico ed etico. Uno sperimentatore radicale.

House zoppica, procede a zigzag, senza poter avanzare diritto. Impossibile pensare House senza il suo bastone. Lo squilibrio nell'andatura, l'anomalia del passo lo rendono una figura fuori dal comune liberando chi lo vuole seguire dai vincoli di una sola direzione. Anticonformista, irriverente, intrattabile e misantropo; ma anche creativo, meticoloso, intuitivo e geniale:

[1] Si deve ad Aldo Grasso l'ottima analisi dell'importanza culturale dei telefilm. Si veda A. Grasso, *Buona Maestra. Perché i telefilm sono diventati più importanti del cinema e dei libri*, Milano, Mondadori, 2007.

House è un medico eccellente capace di individuare le malattie più impensabili e imprevedibili con le sue straordinarie abilità diagnostiche. Un «idiota arrogante», capace di salvare la vita.

Tutto ciò, certamente, rende House un protagonista atipico, un sovvertitore di qualsiasi rappresentazione tradizionale non solo dell'eroe, ma anche, più semplicemente, del medico. House non cura i pazienti, tanto è vero che spesso non li visita nemmeno personalmente, quanto piuttosto le loro malattie. Sono proprio le malattie, infatti, il suo vero e unico nemico, il ladro o l'assassino che il bravo detective deve scovare in base agli indizi che ha a disposizione (i sintomi), catturare e costringere a confessare il delitto. Per House ogni malattia è una sfida, un nuovo e intrigante puzzle da risolvere con acume, spirito di osservazione, abilità analitiche e intelligenza.

E la sfida, per noi, è House. Come ragiona? Come fa a indovinare la diagnosi? Come fa a sapere che è corretta? È buono o cattivo? O è al di là del bene e del male? E perché, in fondo, ci affascina tanto? Ecco perché abbiamo deciso di discutere di filosofia con Gregory House. Perché oltre a mostrarci qualcosa di assolutamente originale ha anche qualcosa di appassionante da dirci.

Così nasce *La filosofia del Dr. House.*

Quattro percorsi con stili e approcci diversi. Ma un solo metodo, quello socratico. Perché come direbbe House: « Se non era per Socrate, quello schizofrenico farneticante, non avremmo il metodo socratico, il miglior modo per insegnare tutto, a parte fare il giocoliere con le motoseghe ».

1. L'iper-etica di House
di *Blitris1*

> Solo un idiota si mette tra Achab e la sua balena.
>
> GREGORY HOUSE

« Sei diventato normale » (*Significato* III.1). La sentenza pronunciata da Wilson all'indirizzo di House nella prima puntata della terza serie è la controprova di un dato peraltro evidente, e che costituisce l'enigmatica cifra di House: House è un medico d'eccezione, ossessionato da una sola cosa – quella con cui lo spettatore, quasi immediatamente e senza riflettere, entra in contatto, benché non sappia dire, in verità, che cosa sia.

In *Rianimazione vietata* (I.9), a un trombettista jazz che gli confessa di voler morire perché non ha più fiato per dar voce alla sua tromba, House domanda: « E lei è solo questo, un musicista? » Il musicista, John Henry Giles, risponde:

> Ho una sola *cosa*, proprio come lei [...] Non si rischia la galera e la professione per salvare

> uno che non vuole essere salvato se non si è spinti da una *cosa*, quella *cosa*. La ragione per cui la gente normale ha figli, famiglia, hobby e così via è perché non conosce quella *cosa* speciale che dà una sferzata al tuo cuore. Per me è la musica, per lei è questo. La *cosa* che tartassa la tua mente, che ti lascia fuori dal cerchio dei normali (I.9).

Condividono qualcosa di straordinario, questi due esiliati dal « cerchio dei normali ». La passione per una sola cosa. Quella cosa. Una passione senza condizioni e senza compromessi, così simile a una dolce condanna. Ecco cosa ci dicono queste battute. E tuttavia: all'apparenza chiaro, comprensibile, intelligibile in tutti i suoi passaggi, il discorso di J. Henry Giles reca in sé un punto cieco, un non detto che risuona tra le righe e conferisce al discorso un timbro e un ritmo singolari, la sua segreta forza anche. Questo punto cieco come forza del non detto non è altro che la *cosa*. La *cosa* di House. Se per J. Henry Giles, come egli stesso dichiara, la cosa è la musica, per Gregory House la cosa è, semplicemente, « questo ». Certo, ci si potrebbe precipitare a dire che « questo » si riferisce alla medicina, alla diagnostica. Ma il discorso, alla lettera, non lo dice o evita di dirlo. E la lettera, qui, ha la sua importanza. Essa indica che si è scelto di non nominare direttamente « questo », la *cosa*; che si è scelto di nominare semplicemente la cosa *cosa*. La forza del discorso del musicista sta proprio nella sua ellitticità, nel suggerire una cosa senza dirla espressamente, nel far intendere senza spiegare, limitandosi a ripetere un generico ed enigmatico *cosa*. Di questa cosa sappiamo solo che essa lascia House fuori dal « cerchio dei normali » e che, dunque, si lega essenzialmente, come la causa al suo effetto, all'eccezionalità di House.

Una sola cosa

Ma che cos'è? Che cos'è *questo*? Questa *cosa*? È una buona o una cattiva cosa? La questione non tarda a sorgere – e prima ancora dell'entrata in scena dell'interrogazione filosofica. È la cosa stessa a provocarla. Questa sola cosa. E si tratta di provare a rispondere, cominciando a interrogare, da un punto di vista filosofico, i risvolti etici dell'eccezionalità di House. Tracciare, sullo sfondo del suo singolarissimo modo di agire, il profilo di un'etica di House, per quanto *sui generis*: ecco un modo per cominciare a rispondere e ad avvicinarci, così, alla cosa.

C'è un'etica di House, benché ecceda non

solo i modelli classici di etica e l'arroganza della buona coscienza, ma l'etica *tout court* intesa come insieme di regole generali che dovrebbero orientare l'agire degli uomini in vista del bene comune. Si tratta di un'etica singolare *al di là* dell'etica, di un'*iper-etica* che non cede alla tentazione della legge morale. Essa si lega essenzialmente a quella cosa, all'eccezionalità di quella sola cosa. Più precisamente: quella cosa è proprio la cosa iper-etica.

House è il nome di una *cosa iper-etica* che non si lascia classificare secondo i modelli classici di etica – e non solo per la forma iperbolica in cui quest'etica si presenta. Una cosa che seduce con una forza irresistibile: vale a dire, alla lettera, che conduce via, che svia.

Ma non precipitiamo le cose. Procediamo passo passo, partendo dalla figura di House, che è il modo specifico in cui la cosa ci si presenta. House non è, semplicemente, un personaggio con caratteristiche d'eccezione attorno a cui è stata costruita una serie televisiva, bensì, in primo luogo, una *figura estetica* d'eccezione. E si potrebbe arrischiare, qui, l'ipotesi secondo cui solo una figura estetica, e non un mero personaggio, ha la forza di sostenere il peso della cosa. C'è una differenza tra *personaggio* e *figura estetica*, benché entrambi i concetti appartengano al campo della *fiction*.

House è una figura estetica poiché ha tratti che lo accomunano ad alcuni personaggi straordinari della letteratura. Con il concetto di *figura estetica* Deleuze e Guattari definiscono le grandi figure della letteratura capaci di suscitare effetti che eccedono le affezioni e le percezioni ordinarie. Questa capacità di produrre effetti straordinari è connessa alla capacità di produrre, in una data situazione, possibilità ancora inesplorate. A proposito del capitano Achab, Deleuze e Guattari parlano, usando una formula melvilliana, di « un faro che strappa all'ombra un universo nascosto ».[1] La suggestiva formula potrebbe essere applicata anche alla figura estetica di House.

Un faro che strappa all'ombra un universo nascosto: non è forse questo l'effetto spaesante e perturbante che suscita House nello spettatore, quasi la sua figura ci mettesse di fronte a *qualcosa* che la rassicurante normalità del mondo oscura e occulta? Inoltre, come gli stessi sceneggiatori della serie hanno dichiarato, e come è facilmente rilevabile da una serie di elementi che la caratterizzano, la figura di House è stata plasmata su un modello letterario

[1] G. Deleuze, F. Guattari, *Che cos'è la filosofia?*, a cura di C. Arcuri, Torino, Einaudi, 1996, p. 55.

(Sherlock Holmes) (→ La logica di House). E, cosa non meno importante, lo stesso House si paragona, e viene paragonato, proprio al capitano Achab (*Tutto per tutto* II.17; *Merry Little Christmas* III.10), monomaniaco ossessionato anch'egli da una sola cosa: Moby Dick. Il tratto letterario della figura di House è, dunque, doppiamente marcato: è un elemento costitutivo della genealogia del personaggio ed è un tratto caratteristico del personaggio stesso. C'è una piega letteraria che attraversa come un'invisibile ferita la figura di House, qualcosa di singolarmente irreale che lo differenzia da altri personaggi filmici e costituisce la speciale stoffa della sua eccezionalità.

L'eccezionalità della figura estetica di House è data da tre fattori non semplicemente giustapposti ma intimamente correlati: la sua esclusiva ossessione per i casi clinici più difficili, quelli che gli altri medici non riescono a risolvere (cfr. *Sotterfugi* I.14), la sua straordinaria capacità di risolvere tali casi e il suo singolarissimo modo di rapportarsi alle regole: non ci sono, per House, casi difficili con cui non valga la pena ingaggiare battaglia; e non ci sono regole universali etiche, deontologiche, sociali, che House non infranga nel corso delle sue battaglie.

House sarebbe un'originale e raffinata variazione sul tema *genio e sregolatezza*? È indubbio che parte del fascino (perverso?) di questo medico *sui generis*, che rifiuta di indossare il camice perché non vuole essere scambiato per un medico (per un *vero* medico, quello che corrisponde all'idea o alla definizione data e corrente di medico), risieda nella particolare sintesi di genialità e immoralità che la sua figura esprime. Narcisista, egocentrico, sarcastico, violento, intemperante, eccessivo, infantile, House gioca sempre il tutto per tutto, ogni volta, nella mano più difficile di una partita in cui ne va della vita stessa. E, quasi sempre, vince. Perché sempre arriva a formulare la giusta diagnosi, benché talvolta debba arrendersi di fronte a quello che chiama «sintomo incurabile» (*Tutto per tutto* II.17), cioè la morte. Accade così che gli innumerevoli suoi difetti e vizi, o meglio, quelli che in un uomo normale verrebbero considerati tali, si trasfigurino: e diventino i tratti peculiari dell'individuo eccezionale al di là del bene e del male, cui si concede di non rispettare nessuna regola.

Tuttavia, se le cose stessero semplicemente così, House avrebbe poco o nulla da dirci riguardo l'etica. Al limite, lo Sherlock Holmes o l'Achab della medicina potrebbe fornirci un buon esempio di comportamenti etici scorretti e di perversione deontologica. Dr. House, ovvero: come un medico non dovrebbe mai agire.

Poco importa che ad House venga concesso il lusso dell'immoralità in forza della sua eccezionalità. L'eccezione non può, e non deve, diventare un modello di comportamento universale, se non a rischio di causare gravi danni. Che nel contesto specifico, quello medico, sono sempre danni alla salute dei pazienti.

Morale della favola: ci sono superuomini cui è concesso fare cose che i comuni mortali possono solo, e anzi devono, limitarsi a sognare.

L'anarchico e l'eroe

E se le cose non stessero semplicemente così? Se questa morale della favola non fosse altro che l'espressione di una morale della mediocrità? Per dirla con il Nietzsche della *Genealogia della morale*: di una «morale degli schiavi»? Quello che qui proponiamo è di riscrivere questa morale alla luce della cosa iper-etica. La figura estetica di House, nella sua critica effettiva e radicale, decostruttiva della morale, è a suo modo una figura etica. Cosa che, prima ancora di essere dimostrata, trova un suo preliminare e immediato riscontro nel sentimento di ammirazione che l'agire di House suscita nello spettatore, benché contrasti con il senso morale comune. Percepiamo la scorrettezza o l'immoralità delle azioni di House rispetto a un'idea di morale concepita come agire secondo regole universali in vista del bene comune; talvolta i suoi eccessi possono addirittura indignarci. E tuttavia, nello stesso tempo, c'è qualcosa nel suo agire che suscita in noi, in qualcuno *in noi*, un sentimento di segreta ammirazione, benché sia difficile determinare che cosa sia.

Ma in che senso House è una figura etica? Almeno in due sensi: House è una figura che produce un effetto etico; ed è una figura che esprime un'iper-etica, vale a dire un'etica che eccede i limiti dei modelli classici di etica.

Il genio sregolato non ci chiede solo di identificarci a livello immaginario con lui per godere nell'altro di ciò da cui siamo esclusi e da cui, al contempo, ci difendiamo. Piuttosto ci chiama in causa. Ci provoca. Ci sollecita a riflettere, a confrontarci con il suo modo di agire e a prendere posizione. E il fatto che House sia un medico, e che i suoi atti e le sue decisioni ricadano immediatamente sulla vita dei pazienti, non è estraneo a quello che potremmo chiamare l'*effetto etico* del dottor House, vale a dire questo suo continuo obbligarci a confrontarci con le sue decisioni e a esprimere un giudizio. La situazione clinica fa sì che ogni decisione, anche quelle che riguardano l'ambito propriamente scientifico dell'indagine sulla malattia, abbia una dimensione e una portata etica.

Per quanto possa sembrare paradossale, sottilmente perverso o platealmente immorale, House è la figura di un'etica che elude i paradigmi classici dell'etica (→ L'ETICA DI HOUSE) e rivela interessanti affinità, da una lato, con la figura del Singolo che, in *Timore e tremore*, Kierkegaard contrappone all'eroe quale figura etica e, dall'altro, con le teorie elaborate da alcuni filosofi contemporanei, in particolare da Jacques Derrida e Alain Badiou, che, pur nella loro diversità, mettono in crisi l'idea che il comportamento etico debba essere costituito da atti e decisioni subordinati a una regola universale e al sapere.

Qual è, dunque, l'iper-etica di House?

In una puntata della seconda serie, il cui titolo italiano è *L'anarchia di House* (II.9), Foreman, il miglior collaboratore di House, che incarna il modello del medico che applica scrupolosamente le regole, ha un'aspra discussione con Cuddy, la direttrice dell'ospedale, per il comportamento tenuto da House nel caso di una paziente, Anica, affetta da un'infezione associata al morbo di Cushing (tumore cerebrale che influisce sugli ormoni). Tutti i collaboratori di House sono convinti che Anica, ricoverata a seguito di un attacco epilettico, abbia la sindrome di Münchhausen, una malattia per cui il paziente simula i propri malesseri, e per questo decidono di dimetterla. Solo House pensa che la donna sia veramente malata e abbia l'anemia aplastica. Per avvalorare la propria diagnosi, House convince Anica a farsi somministrare da lui un farmaco (la colchicina) in grado di produrre i sintomi dell'anemia aplastica, cioè della malattia che House suppone che Anica abbia. La paziente accetta di farsi somministrare la colchicina, ha una crisi epilettica e viene, quindi, ricoverata per essere curata. A questo punto House scopre, quasi per caso, che in realtà la sua diagnosi è sbagliata e che Anica ha un'infezione. House riesce a salvare *in extremis* la vita della paziente, ma il suo modo spregiudicato di procedere solleva le proteste di Foreman.

Si tratta di un caso eclatante in cui le decisioni e le azioni di House trasgrediscono tutte le norme etiche e le regole del metodo scientifico per salvare una paziente. È un caso di comportamento anarchico per eccellenza (→ LE RAGIONI DI HOUSE) che Cuddy giudica così: «Quello che ha fatto è folle ma le ha salvato la vita». Foreman ribatte:

> Ha rischiato di morire. House non è un eroe, chi ha il coraggio di disobbedire a una regola sbagliata, quello è un eroe. House non disobbedisce alle regole, le ignora e basta. Non è

> Rosa Parks, è un anarchico. Tutto quello in cui crede è il diritto per tutti di prendere quello che vogliono quando vogliono. Prova a dire ai dottori che è giusto così e la percentuale di mortalità arriverà presto alle stelle (II.9).

Lasciamo in sospeso la questione della follia e concentriamoci sulle ragionevoli considerazioni di Foreman. Foreman definisce House, in contrapposizione alla figura dell'eroe, un anarchico, vale a dire un soggetto che non riconosce nessuna legge, l'autorità di nessun principio e nessun principio di autorità. Per denunciare la pericolosità del comportamento sregolato di House, Foreman usa un argomento etico: House può anche aver salvato la sua paziente, ma se tutti i medici in casi analoghi si comportassero come lui, cioè se il loro agire non seguisse regole e protocolli, la percentuale di mortalità arriverebbe alle stelle. In altri termini: se la massima di House di salvare in ogni modo il proprio paziente, senza curarsi di regole e protocolli, valesse sempre in ogni tempo come principio di una legislazione universale – per usare una formula kantiana[2] – ebbene, le conse-

[2] I. Kant, *Critica della ragion pratica*, Roma-Bari, Laterza, 1997, § 7, p. 65.

guenze sarebbero tragiche e la legge distruggerebbe se stessa.

In effetti, House non tiene conto delle regole. Non ci sono, per House, princìpi o norme universali che possano orientare le sue decisioni e le sue azioni. In questo senso, la definizione di *anarchico* data da Foreman coglie nel segno. Ma c'è un altro aspetto interessante dell'argomentazione di Foreman che ci aiuta a delineare in modo più preciso e netto la specificità del comportamento di House: la contrapposizione tra comportamento eroico e comportamento anarchico. Il fatto che House, pur ignorando le regole, riesca alla fine a salvare la sua paziente – sembra dire Foreman – rischia di far passare House per un eroe, mentre così non è. Come dare torto a Foreman? Un eroe non ignora le regole: disobbedisce, all'occasione, alle regole che giudica sbagliate, prende dei rischi, ma sempre a partire da un'idea di bene universale, sempre all'interno di una dimensione etica universale per cui si batte. È il caso di Rosa Louise Parks, la donna menzionata da Foreman, un'afroamericana figura simbolo del movimento dei diritti civili che il 1° dicembre 1955, a Montgomery, rifiutò di cedere il posto a un bianco su un autobus. La Parks fu arrestata per aver violato le norme cittadine, ma il suo gesto diede vita a una protesta che portò all'abolizione della legge che legittimava la segregazione.

Il comportamento dell'eroe, anche quando disobbedisce a regole o leggi, è un comportamento etico, se l'etica è appunto il generale e il valido per ognuno. L'eroe disobbedisce a leggi ingiuste, quelle che non garantiscono il bene universale ma sanciscono privilegi, producono diseguaglianze o generano oppressione. House, invece, non trasgredisce le regole quando le ritiene ingiuste e in contrasto con il bene universale, piuttosto non ne tiene conto: è un singolo che si pone *al di là* delle regole generali per rapportarsi, senza la mediazione di tali regole, a un'altra singolarità assoluta: nel caso specifico – e per House ci sono solo situazioni e casi specifici, singolari – Anica, la sua sola e unica paziente.

La contrapposizione tra eroe e anarchico formulata da Foreman può essere letta alla luce di quella teorizzata da Kierkegaard, in *Timore e tremore*, tra eroe e Singolo che abbiamo già evocato. Mentre l'eroe tragico si muove, per Kierkegaard, ancora all'interno della sfera etica, perché il suo agire ha il suo fine nell'universale, nel bene universale, il Singolo sospende l'etica e le sue regole perché il suo fine è mettersi in rapporto con l'altro assoluto al di là dell'universale e senza mediazioni. Per questo, dice Kierkegaard, l'occhio dello spettatore riposa tranquillo sull'eroe, mentre il Singolo (nel caso analizzato da Kierkegaard si tratta della figura biblica di Abramo che, per obbedire a Dio, è pronto a sacrificare il proprio figlio) suscita ammirazione e spaventa. Il Singolo fuoriesce dalla sfera dell'etica come generale, è un solitario che non può condividere con nessuno le proprie scelte. « Umanamente parlando, scrive Kierkegaard, egli è folle e non può farsi comprendere da nessuno ».[3] Il Singolo risponde a una sola cosa: all'ingiunzione di un dovere assoluto come dovere che lo lega all'altro assoluto in quanto altro nella sua singolarità – altro assoluto che, per Kierkegaard, è Dio, ma che può essere inteso anche come *ogni altro* (cosa che fa Derrida all'interno della sua lettura di *Timore e tremore*) nella sua assoluta singolarità. Perché ogni altro è il tutt'altro, l'assolutamente altro per me.

Che cosa chiede questo dovere assoluto? In primo luogo di sacrificare l'etica concepita come insieme di norme generali espressione di una comunità, ma anche l'etica intesa come insieme di massime che, per la loro forma uni-

[3] S. Kierkegaard, *Timore e tremore*, a cura di C. Fabro, Milano, Rizzoli, 1986, p. 104.

versale, diventano leggi in grado di determinare la volontà. Commentando il testo di Kierkegaard, Derrida ha affermato che l'assoluto di questo dovere presuppone che ogni dovere etico, ogni responsabilità e ogni legge vengano ricusati, traditi e trascesi. Questo dovere si pone dunque, paradossalmente, *al di là* del dovere e ingiunge, precisamente, di non rispettare il dovere etico. Ecco la sua radicalità e il suo paradosso: il dovere assoluto è sciolto dal dovere di rispettare il dovere, o meglio, deve non rispettare, per essere all'altezza della sua assolutezza, il mero dovere etico. In altri termini: « È un dovere non rispettare, per dovere, il dovere etico ».[4] Questo dovere, questo paradossale dovere, ingiunge dunque di comportarsi in modo non-etico, di non cedere alla tentazione del dovere etico – e non solo alla tentazione della legalità, cioè alla tentazione di obbedire alle leggi per timore della punizione.

Ora, se con etica si intendono una serie di norme universali che regolano le decisioni dei soggetti per garantire il bene comune, House è senz'etica o, detto altrimenti, è un essere immorale le cui decisioni sono umanamente folli.

[4] J. Derrida, *Donare la morte*, Milano, Jaca Book, 2002, p. 101.

E tuttavia, dal punto di vista del dovere assoluto verso l'altro assoluto di cui parla Kierkegaard, si può forse cominciare a rispondere alla domanda: qual è l'etica di House?

Salva il tuo paziente...

L'agire sregolato di House obbedisce sempre all'ingiunzione di una sola cosa, a un dovere iper-etico che è l'ingiunzione stessa della cosa: *salva il tuo paziente*. Un'ingiunzione che ha la forma di una passione pura, assoluta (niente di strano in ciò: anche Kant arriva a definire la ragione che determina la volontà una «vera facoltà superiore di desiderare»), in cui House concentra il contenuto della vita e il significato della realtà. Si potrebbe avere l'impressione che la salvezza sia, in realtà, solo l'effetto collaterale di una passione per la scoperta della verità, vale a dire per la formulazione della giusta diagnosi, per la risoluzione del puzzle della malattia. In realtà, per House, la giusta diagnosi è solo un momento, un aspetto parziale, benché essenziale, di un imperativo che ingiunge, in maniera incondizionata, assoluta, immediata e singolare, di salvare il proprio paziente. Questo è evidente fin dalla prima puntata della serie, quando House cerca di convincere una paziente, per la quale ha già formulato la diagnosi, a farsi curare, arrivando a dirle: «La morte è sempre orrenda, sempre. Si può vivere con dignità, ma non morire» (*Una prova per non morire* I.1).

C'è un dovere incondizionato, per House, cui non si sottrae mai, costi quel che costi, ed è quello, ogni volta, di salvare la vita alla sua paziente, al suo paziente, alla sua unica o al suo unico paziente, senza compromessi, senza preoccuparsi di nient'altro, e di nessun altro, sacrificando tutto il resto, anche l'etica, al rispetto di questa *sola cosa* che si confonde direttamente con lui, che fa corpo con il corpo di House e il suo dolore (la *cosa* di House è impensabile senza il *dolore* di House proprio come la legge morale kantiana è impensabile senza il dolore poiché, a priori, deve produrne il sentimento) – e lo esclude così dal «cerchio dei normali» che dialogano, argomentano, spiegano, contrattano, e sanno rendere conto di quello che fanno.

Questo fatto emerge chiaramente in apertura della puntata intitolata *Sotterfugi* (I.14). Nel corso di un'animata discussione con Cuddy, House accusa Vogler, il nuovo presidente del consiglio di amministrazione, di *immoralità* perché vuole servirsi dell'ospedale e dei medici per condurre dei *trials* clinici. Cuddy obietta che non ci trova nulla di scandaloso, visto che con i *trials* si salvano migliaia di vite. Ma House risponde che la deontologia professionale vieta di servirsi dei pazienti come cavie. A questo punto la replica di Cuddy formalizza alla perfezione (benché in termini critici) l'iper-etica di House: « Allora se uno se ne frega dell'etica professionale per salvare una persona è ammirevole, ma se lo fa per salvarne migliaia è un bastardo » (*Sotterfugi* I.14). L'ammirazione che lo spettatore prova per House nonostante il suo comportamento immorale è legata al fatto che la sua immoralità, cioè il fatto che egli ignori regole, princìpi e leggi, è in qualche modo l'effetto di un dovere più alto e incondizionato, folle, di un dovere iper-etico, cioè al di là del dovere etico, che non riconosce né regole cui adeguarsi né calcoli né compromessi.

Per House è etico, in una dimensione iperetica, non preoccuparsi dell'etica in nome della salvezza dell'altro nella sua singolarità insostituibile e assoluta che in un preciso momento – in un « ora » – e in una situazione ben precisa, e sempre unica – in un « qui » – è la sua o il suo paziente. Non c'è nessun'altra risposta alla domanda che chiede il perché delle azioni di House se non quella che si rivolge direttamente al paziente (e dunque non si enuncia come una formula generale), se non quella che si rivolge solo e direttamente a te dicendoti: « Sei il mio paziente». Ecco la cosa che ti tocca. Ed è proprio questa la risposta che House darà, nel corso dell'episodio *Sotterfugi*, alla paziente che ha salvato grazie a una menzogna detta alla commissione trapianti. Nell'episodio in questione House scopre che la sua paziente ha bisogno di un trapianto di cuore. La donna, tuttavia, non ha i requisiti adatti: è bulimica, e la bulimia è equiparata, dalla commissione trapianti che deve decidere a chi donare un eventuale cuore che si rendesse disponibile, alla volontà di suicidio, il che rende la donna una paziente a rischio. House deve decidere se dire, o meno, la verità alla commissione. Naturalmente, nel caso specifico, mentire significa sì provare a salvare la paziente, ma anche privare un altro ipotetico paziente non a rischio di quel cuore. House parla direttamente con la paziente: le comunica come stanno le cose, ma le dice anche che potrebbe essere disposto a mentire davanti alla commissione per farle ottenere il cuore, benché questo significhi per lui rischiare di essere radiato. Alla domanda della paziente che gli chiede che cosa vuole da lei, House risponde: «Voglio sapere che cosa è giusto». Vale a dire: «Voglio capire se vuoi vivere o morire [...] Voglio che tu mi dica che vivere è importante per te perché io non lo so. Perché questa è la posta in gioco adesso, la tua vita» (*Sotterfugi* I.14).

La paziente risponde che non vuole morire, e questo basta ad House per decidere, per sapere che è giusto mentire.

Ecco cosa vuole sapere House – cosa vuole sapere quando vuole sapere che cosa è giusto: *se tu vuoi vivere o morire.*

La questione non può che essere formulata in modo singolare, in forma di apostrofe (*vuoi vivere, tu, o morire?*), ogni volta – in modo esplicito o meno, apertamente o in silenzio. Ecco l'unica cosa che House vuole *sapere* (se tu vuoi vivere o morire) per poter *sapere*, così, ciò che è giusto fare: vale dire decidere di salvare la sua paziente che glielo chiede, decidere di salvarti – *a tutti i costi.* Anche a costo di mentire davanti alla commissione trapianti. Anche a costo di sottrarre un cuore a qualcuno che aveva requisiti migliori e, dunque, più possibilità di salvarsi e di fare buon uso del cuore. Anche a costo di pensare, e di dire a Wilson, guardando la pioggia che cade fuori dal suo studio, una cosa umanamente mostruosa: « Splendido tempo per i donatori di organi » (*Sotterfugi* I.14). House mente, dunque, davanti alla commissione e riesce a salvare la paziente. « Perché si è battuto per me? Ha rischiato la sua professione, mi conosce appena », gli chiede la donna al risveglio dopo il trapianto riuscito. « Sei una mia paziente » (*Sotterfugi* I.14), risponde, semplicemente, House. Risposta straordinariamente semplice e, al contempo, semplicemente straordinaria. Ecco che cosa House *deve* alla propria paziente che glielo chiede: salvarle la vita.

House è l'incarnazione o, se si preferisce, la soggettivazione di questa *sola cosa* che ha la forma di un imperativo iper-etico cui sacrifica, ogni volta, l'etica stessa. Pur nella distanza siderale che li separa, House condivide con Kant l'idea di un imperativo incondizionato cui occorre sacrificare tutto. Ma mentre in Kant la forma dell'imperativo non può che essere universale, per House essa è assolutamente singolare. E se in Kant si tratta di sacrificare al dovere le passioni, per House si tratta di sacrificare al dovere assoluto e iper-etico il dovere etico. House sospende ogni legge e principio, e in questo senso è anarchico, per rispondere ogni volta, ogni singola volta nel modo *giusto* all'unica ingiunzione che lo costituisce per quello che è: un medico. *Giusto* deve essere qui inteso sia nel senso di *corretto*, sia nel senso etico di *conforme alla giustizia*, perché la correttezza della risposta, la sua giustezza (la giusta diagnosi), è qui il solo modo per rendere giustizia al paziente salvandogli la vita. L'ingiunzione della salvezza è un'ingiunzione di giustizia. House è ossessionato dal dovere di fare la *cosa giusta* e vive nel terrore di sbagliare, poiché niente può assicurarlo sul fatto che, ogni volta, stia veramente facendo la cosa giusta. « Se incontrasse suo padre per l'ultima volta cosa vorrebbe che le dicesse? » chiede ad House un paziente temporaneamente risvegliatosi dallo stato vegetativo. « Avevi ragione, hai fatto la cosa giusta » risponde House (*Ultimo sacrificio* III.7).

Essere giusti con il proprio paziente, fare la cosa giusta, significa, per House, salvargli la vita. La responsabilità del medico, la sua sola responsabilità che lo costituisce in quanto medico, consiste precisamente nel rispondere ogni singola volta nel modo giusto – quello capace di salvare il paziente – a questa ingiunzione della giustizia che ha la forma della salvezza del paziente, senza preoccuparsi d'altro. Ecco che cosa è giusto, giusto per il paziente. Benché ogni volta occorra decidere nel modo giusto affinché questa giustizia si produca, e benché non vi siano regole o saperi che possano produrre automaticamente la giusta decisione. Certo, occorre calcolare il più possibile: ma nessuna decisione è semplicemente l'effetto di un calcolo o del sapere. Ogni decisione degna di questo nome deve sempre affidarsi, al fondo, alla creatività di un'invenzione (→ LA LOGICA DI HOUSE).

Ogni volta non si sa, in verità, che cosa sia giusto decidere – giusto per la giustizia che occorre rendere al paziente. Ogni volta non si sa, in verità, come si possa rispondere in maniera giusta all'ingiunzione della cosa iper-etica, della giustizia come salvezza. E tuttavia: bisogna rispondere – nell'urgenza, sempre ora, perché ne va non della vita in generale ma, adesso, della tua unica vita: «Perché questa è la posta in gioco adesso. La tua vita» (*Sotterfugi* I.14).

È House stesso a collegare esplicitamente giustizia, responsabilità e salvezza del paziente. Nel corso di una lezione tenuta a un gruppo di studenti di medicina, House sottopone loro dei casi obbligandoli a scegliere tra diverse terapie da applicare. Di fronte a uno di questi casi particolarmente grave, in cui le opzioni sono ridotte a due (e solo una è in grado di salvare il paziente), metà degli studenti decide per la prima opzione e l'altra metà per la seconda. Una studentessa domanda: «Quindi metà di noi l'ha ucciso e l'altra metà gli ha salvato la vita?» House risponde: «Giusto e sbagliato esistono. E il fatto che non sappiate cosa è giusto, e magari non abbiate nemmeno modo di saperlo, non vi solleva dalle responsabilità» (*Il caso House* I.21). Ciò che è *corretto* o *scorretto* (diagnosi) è *giusto* o *sbagliato* perché permette di salvare o meno il paziente. In *Un cane è per sempre* (II.18), una ragazza, Hanna, ha bisogno di un trapianto di fegato. La sua compagna,

Max, che ha il suo stesso gruppo sanguigno, ed è dunque una donatrice compatibile, è disposta a cedere metà del proprio fegato per salvarla. Il *team* di House viene a conoscenza di un fatto che potrebbe incidere sulla decisione di Max: Hanna vuole lasciarla. House decide che nessuno deve informare Max delle intenzioni di Hanna. In forte disaccordo con House, Cameron sostiene che sia immorale non dire a una donna che sta mettendo a repentaglio la propria vita per salvare quella della sua compagna che, in realtà, la sua compagna vuole lasciarla. A questo punto House risponde: « Supponiamo che tu abbia ragione, glielo diciamo, lei cambia idea e la paziente muore, questo è morale? » (*Un cane è per sempre* II.18). In altri termini: per House non è morale seguire le regole di una morale che richiede il sacrificio della propria paziente.

... anche a costo di ucciderlo

Per House esiste solo la situazione clinica della paziente o del paziente che deve curare. L'unica azione che concepisce come etica in quella situazione è l'azione che mira a salvare il paziente. Tutto il resto, l'insieme delle regole e delle procedure, e tutti gli altri vengono sacrificati a essa. Per questo può dire: « La Cuddy ha ragione che ce ne siamo fregati del protocollo [...] ma ho ragione io sulla medicina» (*Tutto per tutto* II.17). Non è un caso che House sia in perenne conflitto con i rappresentanti della legge o del potere, dentro e fuori l'ospedale. E non è un caso che nella terza serie la legge, nella figura di un poliziotto, cominci a braccarlo e House finisca addirittura in carcere. Alcune considerazioni fatte da Alain Badiou nel suo libro *L'etica* sono particolarmente adatte a gettar luce sulla cosa iper-etica di House:

> Non c'è che una sola situazione medica: la situazione clinica, e non c'è bisogno di nessuna «etica» (ma solo di una visione chiara di *questa* situazione) per sapere che nella circostanza un medico è medico solo se tratta la situazione sotto la regola del massimo possibile: curare questa persona *che glielo domanda* fino in fondo, con tutto quello che sa, con tutti i mezzi di cui conosce l'esistenza, e senza considerare nient'altro. E se qualcuno vuole impedirgli di curare a causa del *budget* dello Stato, di statistiche di morbosità o di leggi sui flussi migratori, che gli mandino pure la polizia! Il suo stretto dovere ippocratico sarebbe di spararle. Le «commissioni di etica» e altre ruminazioni sulle «spese per la salute» e la «responsabilità di gestione», essendo radicalmente estranee all'unica situazione propriamente

> medica, non possono in realtà che impedire al medico di essere *fedele* a questa situazione. Perché esserle fedele vorrebbe dire: trattare il possibile di questa situazione *fino in fondo*.[5]

Trattare la situazione clinica fino in fondo significa sacrificare tutto all'ingiunzione della salvezza del paziente. Senza preoccuparsi *al limite* del paziente stesso come soggetto, nella misura in cui la possibilità di salvare il paziente è subordinata, per House, alla cura della malattia. Le due massime più celebri di House non a caso sono: « Sono diventato medico per curare le malattie, non i malati »; e « Preferisci un dottore che ti tiene la mano mentre muori o uno che ti ignora mentre migliori? » La disgiunzione di malattia e paziente, per cui salvare il paziente significa preoccuparsi *in primo luogo* della malattia senza preoccuparsi del paziente, permette di evidenziare il carattere incondizionato dell'ingiunzione iper-etica portandola fino a una sorta di punto di rottura nella forma di un paradosso, per cui si deve curare la malattia anche a costo di sacrificare la vita del paziente per salvare la vita del paziente.

[5] A. Badiou, *L'etica. Saggio sulla coscienza del Male*, a cura di C. Pozzana, Napoli, Cronopio, 2006.

Nella sua forma limite e paradossale, l'ingiunzione della cosa iper-etica di House suonerebbe come: *salva il tuo paziente a tutti i costi, anche a costo di ucciderlo*. Ecco la cosa iper-etica che ossessiona House – ecco la cosa iper-etica che è House. L'imperativo nella sua forma pura e iperbolica assumerebbe, allora, la forma di un paradosso o di un *double bind* (cioè di un'ingiunzione contraddittoria) in quanto ingiunge, al contempo, di uccidere il paziente e di salvarlo, di ucciderlo per salvarlo, di salvarlo a tutti i costi anche se la salvezza dovesse costargli la vita.

Si può ben dire che quasi in ogni episodio l'ingiunzione iper-etica sfiori la dimensione del paradosso e del *double bind* (spessissimo i pazienti vanno in arresto cardiaco e il *team* di House si trova a doverli rianimare/resuscitare) senza che, tuttavia, il *double bind* si attui pienamente. Almeno una volta, però, il *double bind* (*salva il tuo paziente anche a costo di ucciderlo*) prende corpo, e House salva una giovanissima paziente uccidendola, sebbene temporaneamente. Nella puntata il cui titolo originale è *Autopsy* (*Il coraggio di morire* II.2), l'imperativo si applica nella sua forma più pura e paradossale: House decide di uccidere, temporaneamente, una sua paziente per salvarla. E non è un caso che i dialoghi tra i medici che ruotano attorno a questa decisione assumano essi stessi forma paradossale. La situazione clinica è la seguente: occorre trovare un embolo nel cervello di una bambina gravemente malata, ma non c'è modo di farlo. Foreman formula così l'*impasse* in cui il *team* si trova: «L'unico modo per trovare quell'embolo è fare l'autopsia» (*Il coraggio di morire* II.2). Che si può riformulare come: l'unico modo per salvare la bambina è ucciderla. Fine del discorso. Il costo da pagare per rispondere all'imperativo (salva la tua paziente) è troppo alto poiché vanifica l'imperativo stesso. In altri termini: la legge che ingiunge di salvare la paziente si autodistrugge perché il sacrificio da fare per obbedire alla legge è precisamente il sacrificio della legge stessa. Ora, la risposta spiazzante e paradossale di House alla proposta di Foreman circa l'autopsia è: «Facciamola». Ecco il caso limite dell'agire di House: arrivare fino al limite di distruggere l'imperativo di salvare per rispondere a esso. O meglio, arrivare fino a mettere in opera una momentanea distruzione di questo imperativo per rispondergli. Il dialogo tra House e Cuddy è a questo proposito significativo:

HOUSE – È ancora illegale fare l'autopsia a un essere vivente?
CUDDY – Che vuoi, il permesso di ucciderla?

HOUSE – Solo per un po', poi la resuscito (II.2).

House riuscirà a salvare la bambina con un procedimento che ne provoca un temporaneo arresto cardiocircolatorio e consente il drenaggio di due litri di sangue. House arriva fino a dichiarare la morte della paziente: « È morta, secondo le macchine ». È grazie a questa morte che House la salva.

Irresponsabile responsabilità

Rispondere nel modo giusto all'imperativo significa, per House, reinventare ogni volta la regola che guida la decisione. Se ci si limitasse ad applicare delle regole generali già date al caso singolo, se non si facesse altro che applicare una procedura standard, e se nell'applicazione di questa procedura ci si attenesse alle regole della deontologia e del metodo, si rischierebbe di non rispondere in maniera giusta all'imperativo incondizionato e singolare che ci viene dall'altro. In nome dell'etica si farebbe violenza alla singolarità dell'altro. L'etica di House è un'etica della situazione e della risposta singolare, è l'iper-etica di una decisione che, per rispondere in maniera giusta, ogni volta, all'ingiunzione di salvare l'altro – ingiunzione che viene direttamente dall'altro – reinventa le regole che dovrebbero semplicemente guidarla. Ogni volta, ogni singola volta, la decisione deve sacrificare l'etica per salvare l'altro. Il che significa che il momento della decisione che risponde all'ingiunzione della salvezza non è regolato, ma è una follia – benché ci sia del metodo, in questa follia. Ritorniamo così alla follia di House nella sua connessione alla decisione per la salvezza che avevamo lasciato in sospeso sulla soglia dell'anarchia.

Come abbiamo visto, è proprio Cuddy a congiungere i due elementi: «Quello che ha fatto è una follia ma le ha salvato la vita» (*L'anarchia di House* II.9). La decisione di House è folle nella misura in cui non applica nessuna regola: decide senza regola nella notte del non-sapere. House segue solo l'imperativo della salvezza e decide rischiando il tutto per tutto, anche la vita della paziente. Ora, se dal punto di vista di un'etica classica una decisione folle non è una decisione etica, secondo Derrida una decisione etica degna di questo nome non può che essere una follia: non può che essere presa, vale a dire, nella notte del non-sapere e della non-regola. La decisione deve sempre essere presa nell'urgenza e non può e non deve essere né semplicemente la conseguenza, o l'effetto, del sapere teorico né la mera applicazione di una regola. «'L'istante della decisione è una follia' dice Kierkegaard. È vero soprattutto riguardo all'istante della decisione giusta».[6]

La decisione è una follia. Stravolgendo il modello etico classico per cui un soggetto libero decide sempre in base a una regola che si sarà dato, Derrida afferma che una decisione che si limiti ad applicare una regola non è una vera decisione e in realtà non decide nulla. E poiché un soggetto libero decide sempre secondo una regola, Derrida arriva a dire che un soggetto, in verità, non decide mai nulla. Che cos'è allora, in quest'ottica, una decisione etica degna di questo nome? È una decisione che eccede ogni regola e ogni sapere, che decide nell'indipendenza rispetto alla regola e al sapere e che, al fondo, non sa e non può rendere conto di ciò che fa. Ma è questo il solo modo per rispondere assolutamente all'ingiunzione dell'altro nella sua singolarità. La responsabilità è, al fondo, solo responsabilità assoluta e segreta di fronte all'altro, una responsabilità che non può giustificarsi al cospetto dell'etica come insieme di norme né al cospetto della legge. House non si giustifica, non si spiega, e nemmeno chiede

[6] J. Derrida, *Forza di legge*, Torino, Bollati Boringhieri, 2003, p. 81.

scusa quando la legge, nella figura di un poliziotto, glielo domanda.

Ora, in questa decisione folle, folle di giustizia, non si sacrificano solo l'etica e le sue norme alla singolarità dell'altro, ma anche tutti gli altri. Come abbiamo visto nel caso della donna bulimica che necessitava di un trapianto di cuore, House non esita a sacrificare gli altri per salvare il suo paziente. Ma questa è, precisamente, una conseguenza del sacrificio dell'etica: se si sacrifica l'etica, cioè il generale, per il dovere assoluto di rispondere all'altro, si stanno già sacrificando tutti gli altri cui l'etica imporrebbe di rispondere allo stesso modo. Da quando sono in rapporto con l'altro, con la domanda o la chiamata dell'altro, dice Derrida riferendosi a *Timore e tremore* di Kierkegaard, io so che non posso risponderci se non sacrificando l'etica, « ovvero ciò che mi obbliga a rispondere nella stessa misura e nello stesso modo, nel medesimo istante, a tutti gli altri ».[7] E non c'è possibilità di giustificare questa scelta e questo sacrificio.

Questo paradosso etico per cui rispondere alla chiamata dell'altro significa sempre sacrificargli tutti gli altri (e dunque l'etica) emerge

[7] J. Derrida, *Donare la morte*, op. cit., p. 102.

chiaramente nell'episodio *Conflitto di competenze* (II.4), in cui assistiamo al confronto/scontro tra un medico che non sembra voler rassegnarsi a questo paradosso, e aspira così a salvare più vite possibili a costo di sacrificare la propria, e House che si interessa solo alla vita del suo unico paziente – che, nel caso specifico, è proprio il medico che vorrebbe lasciarsi morire per salvare milioni di bambini. Vediamo il caso. Il dottor Sebastian Charles, famoso medico a capo di un'organizzazione che combatte la tubercolosi in Africa, viene ricoverato a seguito di un collasso. Colpito da TBC, Sebastian decide di non curarsi e di rischiare la vita per denunciare pubblicamente (fa convocare una conferenza stampa nella sua camera di ospedale) le industrie farmaceutiche che condannano a morte milioni di esseri umani che ogni anno si ammalano in Africa di TBC, solo perché non forniscono loro i farmaci che potrebbero salvarli. House, di fronte all'ammirata considerazione di Cameron per il gesto di Sebastian (« Forse così salverà milioni di vite »), ribatte secco: « E io voglio salvare la sua » (*Conflitto di competenze* II.4). Ed è la stessa risposta che darà a Sebastian nel corso di un confronto faccia a faccia:

SEBASTIAN – So che a volte sono un po' indisponente. So che faccio arrabbiare tanta gente

> e che a molti posso dare fastidio. Ma lei è la prima persona fra quelle che conosco che mostra tanta ostilità per ciò che faccio. Crede che io non salvi la vita a nessuno? O che sia sbagliato farlo?
> HOUSE – Io adesso cerco di salvare la sua di vita (II.4).

Per ogni chiamata dell'altro a cui rispondo c'è sempre un altro a cui non rispondo, che lascio in attesa o che abbandono alla sua sorte. È questo l'inaccettabile che ogni decisione etica deve tuttavia accettare: che per rispondere all'uno occorre non rispondere all'altro. Ecco quello che entrambi, House e Sebastian, alla fine devono accettare – benché nessuno possa volerlo accettare. Entrambi, benché in modi diversi, sanno di dover sacrificare quello che non vogliono sacrificare per rispondere all'appello dell'altro. Le parole che Sebastian rivolge ad House sono rivolte anche a se stesso:

> Vede, la differenza tra noi non è il modo in cui facciamo il nostro lavoro. Io so che sono destinato a fallire. Anche se salvo un milione di persone ne morirà un altro milione e questo lei non lo potrebbe accettare e detesta chiunque lo accetti (II.4).

Non c'è responsabilità degna di questo nome che non sia irresponsabile verso qualcun altro, verso tutti gli altri, che non accetti l'inaccettabile e l'irresponsabilità come suo elemento costitutivo. È questo un paradosso insolubile della responsabilità. Si può rispondere sempre e solo a una sola chiamata, quella dell'altro, trascurando e abbandonando tutti gli altri. I cercapersone che squillano continuamente in ogni puntata della serie sono proprio l'ingiunzione della cosa iper-etica che impone di abbandonare tutto, seduta stante, tutti gli altri, senza dare spiegazioni, senza scusarsi: « Devo andare ».

2. L'etica di House
di *Blitris2*

> Dimmi cosa preferisci: un dottore che ti tiene la mano mentre muori o uno che ti ignora mentre migliori?
>
> GREGORY HOUSE

Durante una lezione, nel bel mezzo della spiegazione di un caso difficile, House dice agli studenti di un corso di medicina: « Di certo va contro tutto quello che vi è stato insegnato, ma giusto e sbagliato esistono » (*Il caso House* I.21), e stabilire cosa sia giusto o sbagliato, bene o male è proprio il genere di problemi che l'etica tenta di risolvere. Quello che faremo è cercare di esaminare la possibilità che la condotta di House possa essere giustificata da un qualche punto di vista etico, prima ancora di chiederci se esprima un'etica nel senso che sia caratterizzabile come un insieme coerente di valori o princìpi pratici.

Osservando il comportamento di House, infatti, le nostre intuizioni su ciò che sarebbe giusto o sbagliato fare vengono spesso messe alla prova: in molte circostanze non solo la sua condotta vìola di fatto regole della convivenza che ci aspettiamo che chiunque rispetti, a partire dalle leggi fino ad arrivare ai regolamenti interni dell'ospedale in cui lavora, ma non sembra neppure rispondere a nulla come un codice deontologico che, potremmo immaginare, dovrebbe essere rispettato da chiunque eserciti la professione del medico. Inoltre, House sembra ignorare, e spesso deliberatamente, anche molti di quelli che generalmente si identificano come comportamenti appropriati tra colleghi, tra amici o, più in generale e più semplicemente, tra individui che si riconoscono reciprocamente come esseri umani e che, in quanto tali, si trattano con rispetto.

Se consideriamo come House rende conto delle proprie azioni agli altri, possiamo rintracciare principalmente due schemi di giustificazione: uno consequenzialista, che propone come unico criterio quello di ottenere il risultato migliore possibile, e uno deontologico, che fa appello a un dovere incondizionato che esclude ogni compromesso e ogni influenza dei sentimenti. Tradizionalmente tali paradigmi sono alternativi e questo ci porta legittimamente a mettere in dubbio la possibilità stessa che si possa rintracciare una coerenza di princìpi nel suo comportamento; in altre parole, può darsi che House scelga strumentalmente un modello o l'altro pur di giustificare qualunque sua azione. Ma sarebbe riduttivo (e affrettato) trarre da ciò la conclusione che House sia solo un manipolatore; e soprattutto non ci permetterebbe di spiegare perché nonostante le torture, i raggiri e gli inganni che mette in opera, il suo comportamento sembri nascondere un fondo di eticità che invece vale la pena di scoprire. Il problema più interessante da risolvere sarà dunque quello di capire che cosa c'è – se qualcosa c'è – nelle scelte di House che ce le fa sembrare scelte giuste.

Tra il dire e il fare

È chiaro che può esserci una bella differenza tra dichiarare di avere certi valori morali e averli effettivamente e poi, eventualmente, agire in accordo con essi. Il linguaggio in cui esprimiamo i nostri giudizi morali è tuttavia già in qualche misura un indicatore del nostro approccio all'etica; il genere di giudizi che esprimiamo, le argomentazioni che utilizziamo per spiegare e giustificare perché agiamo come agiamo, perché ciò che facciamo è ciò che è giusto fare, hanno un ruolo importante nella pratica dell'etica.[1] Considerare l'altro, in questo senso, non significa soltanto dare peso ai suoi interessi o ai suoi diritti, ovvero considerarli mentre prendiamo le nostre decisioni, vuol dire piuttosto riconoscerlo anche come un interlocutore che ha il diritto di sapere le nostre ragioni e di giudicare le nostre scelte, e che potrebbe avere voce in capitolo in una discussione in merito.

Abbiamo quindi almeno due livelli che ci interessano e che sono strettamente interconnessi: ciò che diciamo del bene e del male, di ciò che è doveroso oppure no, e ciò che facciamo come espressione delle nostre convinzioni circa questioni di questo genere. Il punto qui è, per così dire, una questione di *coerenza*.

A una teoria etica possiamo chiedere, se si presenta come una serie di regole che servano a guidarci nelle nostre scelte, che non prescriva di fare cose che non possiamo fare. In questo

[1] Quando i filosofi si fanno domande sull'etica che riguardano il significato e il ruolo dei suoi concetti si mettono sul piano della *metaetica*, quando discutono su quello che l'etica richiede di fare si occupano di *etica normativa*. Al lettore che sia interessato ad approfondire questi temi e a conoscere le diverse teorie etiche in concorrenza tra loro nel dibattito filosofico, consigliamo P. Donatelli, *La filosofia morale*, Roma-Bari, Laterza, 2001.

senso, possiamo chiedere a una teoria che sia coerente, cioè che ci fornisca delle regole che non entrano in conflitto al punto di obbligarci a *scelte impossibili.*[2]

Questo non significa necessariamente che la teoria sia responsabile di prevenire situazioni come i dilemmi. Le situazioni dilemmatiche, infatti, sono tali, per così dire, strutturalmente. Nei dilemmi il problema non siamo noi e le nostre debolezze (morali) e neppure l'inadeguatezza dei nostri principi, ma sembra proprio che siano le condizioni di scelta che siamo costretti ad affrontare a essere problematiche e a metterci di fronte a una specie di *scelta impossibile.*[3]

Avere una teoria è un primo passo, poi bisogna metterla in atto. E questo ci porta a una se-

[2] Per essere un po' più precisi possiamo distinguere tra due caratteristiche che riguardano l'adeguatezza di una teoria nel suo ruolo di guida della condotta dell'agente: la coerenza e la determinatezza. Una teoria è incoerente, se chiede di compiere azioni tra loro incompatibili, per così dire, contraddittorie (→ LA LOGICA DI HOUSE); una teoria è invece indeterminata quando non è appunto in grado di determinare quale azione si debba compiere in certe circostanze.

[3] Al lettore interessato al tema del dilemma morale, consigliamo C. Bagnoli, *Dilemmi morali*, Genova, De Ferrari, 2006.

conda accezione di coerenza. La coerenza dell'agente morale, intesa come la tendenza ad agire secondo certi princìpi o certi valori che si affermano giusti, può essere considerata, entro certi limiti, un valore: non siamo costretti a pensare che la coerenza comporti che non si debba mai cambiare idea, cambiare princìpi pratici o criteri di valutazione, ma ci immaginiamo che questo debba essere in qualche modo giustificato e non possa essere soltanto il modo più facile per evitare di sostenere i costi di una scelta morale. Di sicuro, un certo grado di coerenza è almeno un segnale del fatto che prendiamo sul serio le regole che diciamo di accettare.

Prenderemo in considerazione il presunto problema della coerenza di House da due punti di vista: prima ci occuperemo di rintracciare quali potrebbero essere i princìpi morali che egli adotta, partendo dall'assunzione che essi siano coerenti; e poi vedremo se House, dati i princìpi che gli possiamo attribuire, è coerente con essi.

I princìpi di House

Come abbiamo detto, possiamo immaginarci una teoria etica come un insieme di regole o princìpi pratici, espressioni che contengono informazioni su come comportarci. Prendiamo un esempio di un principio morale che sembra riscuotere un discreto successo tra filosofi e non, e cioè quello di dire la verità. Ora, sia che si ritenga che non si deve mentire proprio mai, sia che si sostenga invece che ci sono menzogne a fin di bene che possono essere tollerate, questo principio va giustificato in qualche modo: proviamo semplicemente a immaginare che ci venga vietato di raccontare barzellette e che non ci sembri così ovviamente sbagliato o immorale farlo. Di fronte a un principio di questo genere, potrebbe venirci in mente di chiedere perché dovremmo rispettarlo. Questa forma di insubordinazione a quelli che ci vengono proposti come precetti morali è una tipica reazione del filosofo; un'altra tipica reazione del filosofo di fronte ai comandi è quella di selezionare quelli che gli sembrano validi e di cercare di giustificare questa sua intuizione su basi un po' più solide, su argomentazioni, per esempio, che siano capaci di convincere anche gli altri. Una volta che avremo giustificato in qualche modo i nostri princìpi, potremo utilizzarli per giustificare le azioni che compiamo in base a essi.

Ma consideriamo adesso due modelli classici per giustificare un'azione dal punto di vista etico, quello deontologico e quello consequenzialista. Una concezione deontologica ci dà un'immagine dell'etica come un sistema di doveri. Il comportamento corretto sarà appunto l'obbedienza a quei doveri e le azioni saranno giustificate facendovi appello. In un approccio consequenzialista, invece, quello che conta sono le conseguenze dell'azione, in altri termini, il criterio per valutare se un'azione è giusta o sbagliata è quello di considerarne le conseguenze e la sua giustificazione è mostrare che una certa azione porterà alle conseguenze giuste. Possono esserci diverse versioni di teorie deontologiche e teorie consequenzialiste: ogni versione con i propri princìpi e le rispettive giustificazioni. Quello che ci interessa però in questa analisi è soltanto la differenza nella struttura delle giustificazioni. Non importa quali sono i criteri che stabiliscono nelle diverse teorie quali siano i doveri cui obbedire, in un caso, o le conseguenze da produrre, nell'altro; una volta che avremo stabilito quali sono i doveri o le conseguenze, rilevanti per la scelta morale, a essi si farà riferimento per determinare quale sia la cosa giusta da fare e a essi si farà appello per giustificare l'azione in questione.

I due approcci potrebbero a prima vista sembrare compatibili perché ci possono essere casi fortunati in cui ciò che riteniamo dovrebbe essere fatto, indipendentemente dalla considerazione delle conseguenze che comporta, coincide con ciò che faremmo perché ha conseguenze desiderabili e viceversa.

Questo non significa, d'altra parte, che una teoria deontologica sia necessariamente indifferente alle conseguenze delle scelte morali, né che una teoria consequenzialista debba abbandonare del tutto l'idea che ci siano doveri morali.

In una concezione deontologica, la determinazione di ciò che deve essere fatto è precedente e indipendente da quella di ciò che è bene fare, e lo definisce. Al contrario, in una concezione consequenzialista è a partire da ciò che abbiamo stabilito essere bene[4] – la conseguenza migliore, potremmo dire – che decidiamo cosa dobbiamo fare. In questo senso le due procedure di giustificazione sono incompatibili an-

[4] Una teoria consequenzialista sarà anche *teleologica* (dal greco *telos*, che significa fine) in quanto, data una definizione di ciò che è bene fare, l'azione moralmente giusta sarà quella che ha come conseguenza la realizzazione di quel fine. Parlando di teorie, il termine deontologico può essere quindi contrapposto a *teleologico* per distinguere tra teorie che danno la priorità ai concetti di giusto e doveroso da teorie che danno invece la priorità al concetto di bene. A chi voglia approfondire queste distinzioni, consigliamo L. Fonnesu, *Dovere*, Scandicci, La Nuova Italia, 1998.

che se non possiamo escludere formalmente che entrambe, talvolta, giudichino una stessa azione come quella giusta in una determinata circostanza: il punto è che la giustificheranno in modo diverso.

La coerenza di House

Ma veniamo a un esempio per stabilire che genere di princìpi regolino le scelte di House. Nell'episodio *Impossibilità di comunicare* (II.10) House è a Baltimora e dà istruzioni telefoniche al suo staff. Il problema è che House ha richiesto un certo numero di esami e quando gli fanno presente che hanno delle difficoltà lui dice:

> Vi ho insegnato a mentire, barare e rubare e appena volto le spalle vi mettete in fila?!? (II.10)

Come dobbiamo interpretare un'affermazione di questo genere? All'apparenza House sta rimproverando i suoi colleghi perché non si comportano nel modo giusto: dovrebbero mentire, barare, rubare e invece si limitano a rispettare delle (stupide) regole. Si potrebbe trattare proprio di un discorso in termini consequenzialisti: ciò che conta qui è soltanto un bene implicito nel discorso, il bene del paziente che ha bisogno, per avere qualche possibilità di guarire, che vengano fatti certi esami; ciò che va fatto è proprio usare qualunque mezzo per ottenere lo scopo, le conseguenze desiderate.

Dopo alcune scene House dà un'altra indicazione su come il suo staff dovrebbe comportarsi con il paziente che, si presume, non dica proprio tutta la verità:

> Distruggete le sue speranze e vi dirà la verità! (II.10)

Anche in questo caso sembra che ci sia uno scopo da raggiungere, e cioè farsi dire quella verità che potrebbe salvare la vita al paziente; di nuovo, potremmo dire, ciò che conta è salvare il paziente a ogni costo, trascurando qualunque considerazione di carattere deontologico sul comportamento che dovremmo avere nei suoi confronti, perché trattarlo diversamente – senza distruggere le sue speranze – ci impedirebbe di guarirlo. L'idea qui sembra essere che non ci sono doveri predeterminati rispetto alla considerazione di ciò che è bene fare.

Al contrario, in un approccio deontologico si potrebbe pensare che prima di tutto ci sono dei doveri che abbiamo nei confronti degli altri, che siano pazienti oppure no, e che dobbiamo obbedirvi a prescindere da qualunque calcolo sulle conseguenze che il nostro comportamento potrebbe di fatto produrre. Potremmo dire che la conseguenza che vogliamo ottenere è che il paziente guarisca ma che questo non ci autorizza a venir meno ai doveri che abbiamo nei suoi confronti, come ad esempio il dovere di non terrorizzarlo o di non umiliarlo.

Se dunque per House le cose stanno nel modo in cui le abbiamo descritte, siamo autorizzati a dire che il suo comportamento sembra consequenzialista.

Quali conseguenze

Come abbiamo detto in precedenza, possiamo avere teorie consequenzialiste o deontologiche differenti, a seconda di quali doveri e quali conseguenze scegliamo che siano rilevanti per l'etica. Tenendo ferma l'ipotesi che il comportamento di House sia regolato da criteri consequenzialisti, esaminiamo alcuni esempi interessanti per determinare quali possano essere tali criteri.

Vale forse la pena di ricordare qui che non stiamo affatto assumendo che il comportamento di House sia giustificabile dal punto di vista etico, né che egli adotti princìpi che possano essere considerati moralmente corretti. In altri termini, potrebbe anche darsi il caso che non ci sia nessuna teoria etica che afferma che i «princìpi» di House siano princìpi morali accettabili – ad esempio, perché potrebbero essere privi di qualche caratteristica necessaria all'agire morale. Tuttavia, qui stiamo cercando proprio di stabilire quali potrebbero essere i princìpi di House.

Nell'episodio *L'epidemia* (I.4) House si trova di fronte a un caso particolarmente complicato: due neonati stanno male e non si è ancora riusciti a scoprire come guarirli, ma alla fine sono rimaste due sole ipotesi di malattia. Si tratterebbe «soltanto» di dare il medicinale giusto ai pazienti, ma la situazione non consente di somministrare contemporaneamente le due possibili cure a uno stesso paziente né di determinare quale delle due cure sia quella giusta e, inoltre, non c'è il tempo per capirlo e c'è il rischio di lasciarli morire entrambi. Quello che rende così complicata la situazione è il fatto che la mancanza di informazioni sembra letteralmente minare la possibilità stessa di arrivare a una decisione giusta e sembra obbligare House a una scelta arbitraria.

Le conseguenze del caso possono essere espresse nel modo seguente:

(1) la medicina sbagliata ucciderà il bambino che la assume;

(2) la medicina giusta guarirà il bambino che la assume.

Chiamiamo X e Y le due medicine e A e B i due neonati e vediamo quali sono le opzioni di scelta, considerando che non abbiamo elementi per scegliere tra le cure, né alcuna preferenza tra i bambini:

(1) diamo la medicina X al neonato A e la medicina Y al neonato B;
(2) diamo la medicina Y al neonato A e la medicina X al neonato B;
(3) diamo la medicina X al neonato A e la medicina X al neonato B;
(4) diamo la medicina Y al neonato A e la medicina Y al neonato B.

Nei casi (1) e (2) differenziamo le cure, nei casi (3) e (4) diamo la stessa cura a entrambi i pazienti. A questo punto dobbiamo aggiungere un'osservazione che ci sarà utile in seguito: le due ipotesi su quale potrebbe essere la causa della malattia sono da provare e cioè la squadra di House non è ancora certa che una delle cure sarà quella giusta; possiamo quindi dire soltanto che, date le informazioni disponibili, *quasi certamente* uno dei due trattamenti è quello risolutivo. Vediamo le conseguenze se la medicina X è quella giusta e la Y è quella sbagliata:

(1) il neonato A vive e il neonato B muore;
(2) il neonato A muore e il neonato B vive;
(3) vivono entrambi;
(4) muoiono entrambi.

A tutte queste conseguenze dovremmo aggiungere, per quello che abbiamo osservato prima, la specificazione *quasi certamente*, tenendo nella dovuta considerazione il fatto che, in mancanza di una certezza, questa *quasi-certezza* è il meglio che possiamo offrire.

Se analizziamo la situazione alla luce di queste considerazioni possiamo trarre ulteriori conseguenze: se scegliamo (1) o (2), ossia se scegliamo di differenziare le cure, abbiamo la (quasi) certezza che almeno uno dei due si salvi, perché (quasi) sicuramente uno dei due avrà la cura giusta. Tuttavia abbiamo anche la certezza che uno dei due morirà; se invece scegliamo di dare a entrambi la stessa medicina abbiamo la stessa probabilità che vivano tutti e due e che muoiano tutti e due.

Qual è la scelta giusta in un caso come questo? Possiamo provare a giustificare le diverse possibili scelte: potremmo dire, ad esempio, che scegliere di differenziare la cura garantisce almeno a uno dei due la salvezza e che, dal momento che non abbiamo alcun elemento per stabilire quale sia la cura che provocherà questo esito, in tal modo non facciamo torto a nessuno dei due; in altre parole, non si può dire che sacrifichiamo uno per salvare l'altro. Tuttavia, adottando questa strategia, sappiamo con certezza che un neonato morirà, mentre sembra che dando la stessa cura a entrambi stiamo dando a entrambi la stessa possibilità di sopravvivere (o morire). Questo però non è del tutto corretto: se guardiamo in ogni possibile circostanza la probabilità di sopravvivenza di ciascun singolo neonato vediamo che non cambia qualunque sia la nostra scelta. Se non sappiamo quale sia la medicina giusta – e al momento di scegliere non lo sappiamo – dare la medicina X oppure la Y corrisponde in ogni caso a dare a ciascuno una uguale probabilità di vivere (o morire). E anche se guardiamo gli esiti possibili raggruppandoli per strategie, vediamo che in (1) e (2) (somministrazione di diverse medicine) e in (3) e (4) (somministrazione della stessa medicina) la probabilità di ciascuno di guarire (o morire) è la stessa per entrambi.

Questo è un problema particolarmente fastidioso perché è come se le circostanze ci rendessero ciechi rispetto alle persone coinvolte: è vero, in nessun caso faremo dei favoritismi, tuttavia non per nostro merito, ma per l'impossibilità di farne a causa della radicale mancanza di informazioni rilevanti. Eppure l'idea che differenziando la cura negheremmo a un paziente la possibilità di essere guarito è molto forte. Allora qui sembra che, anche a voler essere consequenzialisti, abbiamo bisogno di criteri per valutare quali sono le conseguenze giuste e quali quelle sbagliate. Questo caso, per come è strutturato, ci impedisce di considerare quello che sarebbe il bene di un neonato o dell'altro. Le scelte che abbiamo a disposizione possono essere riformulate come segue:

(1) accettare il rischio che, *quasi certamente*, muoiano oppure vivano tutti e due;
(2) salvarne, *quasi certamente*, solo uno (ricordiamoci che, secondo House e il suo staff, uno dei due morirà *certamente* mentre l'altro *molto probabilmente* potrà sopravvivere).

House sceglie la (2), ma non per non rischiare di far morire entrambi. Ma come si spiega allora la sua scelta? Per chiarirci le idee analizziamo prima come prende la sua decisione, poi come la giustifica.

HOUSE: Questo è andare alla cieca. Togliete la vancomicina a uno e all'altro l'aztreonam.
CHASE: Ma il disturbo è lo stesso, vuoi dargli cure diverse?
FOREMAN: Cosa vuoi fare?
HOUSE: Devo sperimentare per individuare l'infezione.
FOREMAN: No, è sbagliato.
HOUSE: Abbiamo già quattro neonati malati per ora, e chissà quanti altri covano i sintomi.
FOREMAN: E non li consideri questi due?
HOUSE: Se questi due hanno reazioni diverse, sapremo come curare gli altri.
FOREMAN: E tu condanni a morte uno di questi due neonati affidandoti al caso?
HOUSE: Sì, è così. (I.4)

In questo dialogo House giustifica la sua scelta dicendo che, dal momento che ci sono altri pazienti che si sono infettati, la scelta più giusta da fare, tenuto conto dell'interesse di tutti i pazienti – di quelli che stanno già per morire e di quelli che rischieranno di morire se non si trova la cura – è quella di condurre un *trials* «terapeutico» sui due neonati a rischio di vita, perché le differenti reazioni diranno con certezza se una delle due cure funziona.

Foreman solleva come prima obiezione il fatto che è sbagliato fare esperimenti sui pazienti e, anche quando House ribatte che ciò può essere utile almeno per salvare la vita agli altri infettati, aggiunge che questo non giustifica comunque l'azione, perché House e il suo staff hanno prima di tutto il dovere di salvare i due neonati in pericolo. Quello che Foreman sembra voler dire è che ci sono dei doveri che non possono essere ignorati e che non ci sono circostanze che ci giustificano, ad esempio, a utilizzare due neonati per sperimentare una cura, come se non avessimo più quei doveri nei loro confronti, trattandoli come se fossero semplici cavie da laboratorio. Quello che però Foreman sembra non considerare, al contrario di House, è il fatto che, data l'eccezionalità delle circostanze, in questo caso non c'è modo di prendere una decisione considerando ciascun neonato separatamente, proprio a causa di quella strana forma di cecità sulle conseguenze della nostra scelta, dovuta all'ignoranza di cui siamo vittime.

Tenuto conto di questo, House sembra prendere la decisione che gli sembra meno rischiosa, quella che cioè dà una probabilità molto alta di sopravvivenza ad almeno uno dei due neonati, e che può allo stesso tempo aumentare notevolmente anche la probabilità di trovare una cura per tutti gli altri pazienti.

Il problema è che la ragione che House produce per giustificare la somministrazione di cure differenti può non valere come ragione per somministrare ciascuna singola cura; naturalmente, per ogni trattamento cui viene sottoposto un malato, ci aspettiamo che sia almeno giustificato sulla base del fatto che è un bene per il malato e di certo non sulla base del fatto che è un bene per qualcun altro, né tanto meno che serve per provare una nostra ipotesi. Come sottolinea l'avvocato dell'ospedale, servono giustificazioni *mediche.*

CUDDY: E come funziona? Vuoi lanciare una moneta? Si deciderà così chi vive e chi muore?
HOUSE: Se mi dai un quarto di dollaro...
AVVOCATO: Vuole una denuncia? O finire radiato? Normalmente ne sarei felice ma il mio compito è difendere l'ospedale, quindi le consiglio vivamente di trovare un motivo clinico per cui al neonato A tocca il farmaco X e viceversa.
HOUSE: Piano, piano, piano con gli scioglilingua! Non abbiamo fatto tutti legge. Lei mi consiglia di fare scelte mediche in base a ragioni mediche? Hmm, non sarà facile...
AVVOCATO: Una motivazione medica. Non deve essere buona.
HOUSE: Be', Hartig sembra un nome ebreo, e anche aztreonam, quindi togliamogli la vancomicina, che ne dice?
CUDDY: Non puoi sperimentare sui bambini.

HOUSE: I medici fanno sempre esperimenti.
CUDDY: Sugli adulti, con il loro consenso.
HOUSE: Bene, otterrò il consenso dei genitori.
AVVOCATO: Il consenso informato. Devono sapere che l'altro avrà una cura diversa.
HOUSE: Questo non è possibile! Non è corretto che un paziente conosca la cura di un altro paziente.
AVVOCATO: È un diritto saperlo.
HOUSE: Se lo sanno non acconsentono. Questo va contro lo scopo.
AVVOCATO: Resta un loro diritto.
HOUSE: Altri due bambini intanto sono sintomatici. Mi rimetto al suo acume legale, cosa ha la precedenza? Sei bambini che muoiono o un modulo di autorizzazione firmato?
AVVOCATO: Non può farlo.
CUDDY: Fa come meglio credi. (I.4)

Per prima cosa possiamo osservare che House pensa di avere una giustificazione etica e non una medica per la sua decisione, e questo, come abbiamo visto, non sulla base del fatto che rispetta certe regole o obbedisce a certi doveri determinati indipendentemente dalle circostanze, ma perché vuole ottenere un certo risultato. Per giustificare la sua decisione House potrebbe anche argomentare che la situazione è tale che quelli che sarebbero in tutte le altre circostanze doveri nei confronti dei pazienti non lo sono; tuttavia, House avrebbe più difficoltà a negare che ci sia almeno uno di questi doveri che continua a sussistere anche in questo caso, ovvero ottenere il consenso informato da parte dei genitori. Ma anche questo presunto dovere non determina la scelta di House: tutto considerato, possiamo ammettere che House abbia a disposizione delle considerazioni che, sebbene eticamente discutibili, potrebbe tentare di utilizzare per convincere i familiari dei pazienti che la sua decisione è quella giusta (le stesse considerazioni che hanno convinto Cuddy). Ma il suo ragionamento prende un'altra strada: « Informare i genitori è rischioso, è un possibile ostacolo al mio scopo, e quindi la cosa migliore è non informarli ». Anche qui un ragionamento che sembra decisamente consequenzialista.

Altre conseguenze

Purtroppo per noi, nell'episodio *Un candidato a rischio* (I.17) le cose si complicano ulteriormente e sembra proprio che House non ragioni sempre in termini consequenzialisti. Questo è quello che succede: House è ricattato da Vogler, il nuovo proprietario dell'ospedale, che minaccia di costringerlo a licenziare un membro del suo staff; ad House, tuttavia, viene offerta la possibilità di evitare che ciò accada, a patto che pubblicizzi un nuovo medicinale prodotto dalla casa farmaceutica di cui Vogler è proprietario. House formalmente accetta la proposta, quando però si trova a dover pubblicizzare la medicina non pronuncia, come Vogler si aspetterebbe, un « discorso » sulle straordinarie qualità del farmaco, ma si limita a una frase di circostanza e tenta di svignarsela. Ora qui è chiaro che Vogler non ha ottenuto quello che pretendeva e richiama House all'ordine. In realtà questo richiamo suona più come un esercizio di potere da parte di Vogler piuttosto che come una richiesta ad House di mantenere la parola data: sembra che Vogler voglia soltanto costringerlo a fare ciò che gli ordina, dal momento che il comportamento di House ha già rivelato chiaramente ai presenti il fatto che egli è tutt'altro che entusiasta di questo nuovo ritrovato della medicina. A questo punto House, invece di recitare la parte che gli si richiede, fa un discorso che nega esplicitamente sia la novità sia l'utilità del farmaco, sottolineando che l'unico vantaggio che potrebbe venirne sarebbe quello di arricchire il già ricco proprietario dell'industria che lo produrrebbe.

In questo caso possiamo interpretare il comportamento di House in termini consequenzialisti? Facciamo una prima ipotesi: assumiamo che House abbia accettato la proposta pensando che valeva la pena assecondare Vogler pur di non perdere un membro del proprio staff. Quale che sia la ragione per cui House voleva che nessuno fosse licenziato (poteva essere dispiaciuto per l'eventuale malcapitato, oppure essere convinto che lo staff funzionasse meglio con tre collaboratori piuttosto che con due) possiamo dire che voleva evitare una conseguenza negativa: il licenziamento di uno dei suoi colleghi. Alla luce della scelta che di fatto compie, tuttavia, finisce per sembrare piuttosto indifferente alle conseguenze.

Se proprio volessimo essere benevoli, potremmo dire che House è stato ingenuo a credere che la performance che aveva intenzione di mettere in scena avrebbe accontentato Vogler – anche se sarebbe senz'altro più semplice interpretare il comportamento di House come un tentativo di ottenere ciò che voleva mantenendo solo formalmente la parola data e approfittando dell'occasione per fare un dispetto a Vogler. In ogni caso, fino a che House non pronuncia il discorso vero e proprio le conseguenze sono ancora, per così dire, recuperabili: in fondo c'è ancora la possibilità che Vogler si accontenti di soddisfare il suo desiderio di dimostrare che è lui quello che comanda.

Ma quello che House dice dopo non ha di sicuro la conseguenza desiderata. Il comportamento di House a questo punto sembra rappresentare il rifiuto da parte sua di fare qualcosa che ritiene sbagliato, indipendentemente dalle conseguenze che ciò può avere: House non vuole essere costretto a dire qualcosa che non pensa, si rifiuta di mentire. Sembra proprio che questo comportamento sia qualcosa di simile all'obbedienza a un dovere morale incondizionato, indifferente alle conseguenze e alle circostanze. E questa è proprio l'ipotesi di Cameron:

> CAMERON: Mi avevi chiesto come mai mi piacevi. Sei aggressivo e maleducato, ma pensavo che tutto quello che facevi lo facevi per aiutare le persone. Mi sbagliavo, lo fai perché è giusto farlo. (I.17)

In realtà niente ci vieta di interpretare il comportamento di House come un semplice scatto di orgoglio, il che lo renderebbe ancor meno difendibile dal punto di vista etico. Oppure potremmo provare a interpretarlo come un calcolo sulle conseguenze di questo tipo:

PIANO A: « Dico una frase di circostanza e me ne vado. Poi posso sempre dire a Vogler che ho fatto quello che mi ha chiesto e che quindi non può licenziare nessuno », ovvero, «inganno Vogler a fin di bene (e, in più, con una certa soddisfazione)».

PIANO B: «È andata male con il piano A. Ora cosa faccio? Se dico quello che vuole Vogler quali sono le conseguenze? Lui, con la mia complicità, si arricchisce disonestamente e illude chissà quanti poveri malati. Questa è decisamente una conseguenza peggiore rispetto al fatto che uno dei miei collaboratori venga ingiustamente licenziato oppure che il mio staff lavori peggio. E allora scelgo la conseguenza meno negativa possibile».

Il problema però è che attribuirgli un ragionamento del genere non sarebbe poi così coerente con ciò che sappiamo più in generale del suo comportamento.

Da quanto risulta, infatti, se House fa ragionamenti consequenzialisti, di solito non sono di questo tipo. Nel caso dei neonati che abbiamo esaminato in precedenza, le circostanze costringevano House a ignorare i singoli pazienti e a pensare considerando gli interessi di tutti; tuttavia, normalmente, quello che lo preoccupa non è l'interesse di tutti i poveri malati (possibili) ma quello del *proprio* malato. Nell'episodio *Storie di vite diverse* (I.10), ad esempio, House decide di disidratare le cellule tumorali del fegato di un paziente per ingannare un collega chirurgo che altrimenti non accetterebbe di operare il tumore, perché lo considererebbe troppo esteso. In questo caso, House non pensa che le regole che stabiliscono a quali condizioni, ad esempio, un tumore è operabile dipendano da considerazioni sull'interesse dei malati, di tutti i possibili malati. House sembra indifferente al fatto che l'ospedale ha risorse limitate e al fatto che la conseguenza di molte delle sue scelte nell'interesse del proprio paziente è proprio quella di sottrarre risorse a un altro o forse a molti altri pazienti. Non è questo il genere di conseguenze che interessa ad House. E questo accade sistematicamente: nell'episodio *Sotterfugi* (I.14), ad esempio, House nasconde alla commissione che deve giudicare di un possibile trapianto il fatto che la sua paziente non risponde ai criteri richiesti, ma, in modo ancora più evidente, questo accade nel caso *Un cane è «per sempre»* (II.18), che esaminiamo adesso in modo più specifico:

PROBLEMA (MEDICO): una paziente ha bisogno di un trapianto di fegato.

SOLUZIONE: la sua compagna può donarle una parte del proprio fegato, sottoponendosi a un intervento delicato e con esiti invalidanti. Il possibile donatore in questione si dichiara disponibile a sottoporsi all'intervento per tentare di salvare la vita alla persona che ama e con cui desidera passare il resto della propria vita.

PROBLEMA (ETICO): durante la formulazione della diagnosi House, esercitando le sue incredibili doti di ragionamento, scopre, tra le altre cose, che il ricevente ha deciso di interrompere la sua relazione sentimentale con il donatore. Cameron si accerta che le cose stiano davvero così e quindi si pone un problema etico: informare o non informare il donatore? Ecco il suo dilemma.

House e Cameron ne discutono.

> CAMERON: Lo sa Max che vuole lasciarla?
> HOUSE: Non se ne è parlato, quindi immagino di no...
> CAMERON: Se lo sapesse non si offrirebbe di certo.
> HOUSE: Se tu non avessi la necessità patologica di creare rapporti stretti con ogni morente che conosci, noi saremmo beatamente scevri da qualsiasi dilemma etico e liberi di concentrarci sulla diagnosi.
> [...]
> CAMERON: Noi abbiamo un dilemma etico.
> HOUSE: No, non ce l'abbiamo.
> [...]
> CAMERON: Quello che sappiamo può influen-

zare la sua decisione di rischiare la vita, come fa a non essere un dilemma etico?
HOUSE: Non sono elementi di carattere medico.
CAMERON: E a chi interessa?
HOUSE: Conosci i medici?
[...]
CAMERON: Questo è immorale!
HOUSE: Supponiamo che tu abbia ragione! Noi glielo diciamo, lei cambia idea e la paziente muore! Questo è morale? Che altro?
[...]
CAMERON: Max lo sta facendo per amore, ma non sa che ama...
HOUSE: Perché? È morale salvare una persona soltanto se l'ami? Hai una visione abbastanza egoistica della vita. (II.18)

In primo luogo possiamo notare che House qui usa uno dei suoi cavalli di battaglia: si cura la malattia e non il malato (*Una prova per non morire* I.1)! L'argomentazione standard che House fornisce a sostegno di questa sua massima, di solito, è quella che i pazienti mentono sempre e che questo impedisce di fare la giusta diagnosi. Ma spesso, come in questo caso, House sostiene anche che il contatto umano mette a rischio l'obiettività: farsi coinvolgere dai sentimenti – la compassione, ad esempio – che si possono provare per i pazienti può influenzare indebitamente le scelte che dovrebbero essere prese per il loro stesso bene.

Ma torniamo a Cameron: il suo problema è quello del consenso informato cui, si presume, i pazienti avrebbero diritto. Questo, secondo House, non è un problema perché, come dirà dopo qualche altra battuta, il donatore non è il paziente e « tecnicamente il donatore e il ricevente hanno interessi opposti ». Questo argomento di House avvalora la nostra ipotesi che le conseguenze che per lui contano sono soltanto quelle per il *proprio* paziente (→ L'IPER-ETICA DI HOUSE).

Ma House non si ferma qui e aggiunge un'altra considerazione: perché dovremmo considerare immorale nascondere un'informazione che potrebbe far cambiare idea al donatore e non, invece, considerare immorale rischiare di far morire il ricevente per una ragione sbagliata? A volte sembra proprio che House, a dispetto di quello che vorrebbe farci intendere con il suo sarcasmo e la sua sistematica violazione di qualunque possibile regola del *politicamente corretto*,[5] sia molto interessato alle questioni di

[5] Con questo non vogliamo dire che necessariamente qualunque violazione delle regole del *politicamente corretto* debba essere considerata un atto condannabile dal

carattere etico e soprattutto che sia sempre impegnato a mettere in discussione le regole e le convinzioni, che gli altri sembrano invece accettare senza farsi troppe domande, per giudicarne l'effettiva validità.

Quello che House sostiene qui è che il donatore dovrebbe voler donare il fegato perché quella è la cosa giusta da fare, a prescindere dal fatto che il ricevente sia la sua compagna, una sorella, un'amica. House qui sembra pretendere come requisito della scelta morale l'imparzialità e una valutazione indipendente dai sentimenti che si provano. È come se dicesse che il donatore non dovrebbe pensare di avere il dovere di cercare di salvare la vita al ricevente *perché* lo ama, ma che dovrebbe pensare di avere quel dovere punto e basta, così come lo avrebbe nei confronti di qualsiasi altro ricevente nelle stesse condizioni.

punto di vista etico. È chiaro tuttavia che esiste una relazione tra l'utilizzo (intenzionale o no) di un linguaggio e di un comportamento che possono essere percepiti come offensivi, irrispettosi o discriminanti e i valori e i principi morali delle persone che adottano quel linguaggio e quel comportamento. Dal momento che non esploreremo qui tale relazione, raccomandiamo a chi fosse interessato F. Baroncelli, *Il razzismo è una gaffe. Eccessi e virtù del politically correct*, Roma, Donzelli, 1996.

Allora, se abbiamo capito bene, House pensa che i sentimenti interferiscano negativamente con il nostro modo di giudicare che cosa è giusto fare e che bisogna cercare di tenerli sotto controllo: i sentimenti non sono una buona ragione per non essere imparziali. Sembra però che House rivendichi la sua parzialità come legittima e che non direbbe mai che è irrazionale.

Anche in questo caso, dunque, secondo la nostra analisi, House è consequenzialista ma, come abbiamo visto, il criterio che determina che cosa è giusto fare che lui utilizza ha il carattere della parzialità.

Ma allora, nel caso del discorso sul medicinale di Vogler, ci saremmo potuti aspettare che House, essendo un consequenzialista, che inoltre adotta un criterio di parzialità nei confronti dei *propri* pazienti, avrebbe agito nell'interesse dei *propri* colleghi o, potremmo dire, nell'interesse dei *propri* futuri pazienti. E invece no.

Allora, quali sono le conseguenze che interessano ad House per determinare quale sia la cosa giusta da fare? Per stabilire cosa era giusto fare, egli ha applicato criteri consequenzialisti differenti (abbiamo già escluso che House si preoccupi degli interessi di tutti i pazienti dell'ospedale o di altri eventuali malati) oppure ha applicato criteri deontologici?

Accettiamo per un momento l'ipotesi che il

suo comportamento sia interpretabile in chiave deontologica. Allora House, diciamo, risponde a dei doveri morali, ma di quali doveri si tratta? Sfruttiamo l'informazione aggiuntiva sul fatto che, secondo House, per prendere le decisioni giuste non bisogna farsi influenzare dai sentimenti.

Reinterpretiamo il *caso-Vogler*: House è dispiaciuto delle conseguenze che avrà il suo gesto ma non si lascia influenzare e decide di dire le cose come stanno, decide di fare ciò che deve, noncurante delle disgraziate conseguenze della sua azione sulla sua vita e sulla vita dei suoi amici.

Vediamo adesso se riusciamo a fare lo stesso per altri suoi comportamenti abituali: abbiamo visto che House da Baltimora si lamenta del fatto che il suo staff in sua assenza non si comporta come dovrebbe, e cioè non bara, non mente, non ruba. Sono questi dunque i doveri cui bisogna rispondere secondo House per fare la scelta giusta?

Per quanto riguarda il mentire, stando alla nostra analisi del *caso-Vogler*, parrebbe di no. O, almeno, dovremmo dire una cosa di questo genere: « è un dovere dire la verità in certe circostanze e in altre no » e « è un dovere mentire in certe circostanze e in altre no ». In questo modo potremmo dire che sempre di doveri si tratta ma non di doveri assoluti e incondizionati, non di doveri che valgono sempre. Sarebbero doveri relativi a certe circostanze: ad esempio « è un dovere dire la verità per sbugiardare un odioso e ricchissimo prepotente » e « è un dovere mentire per salvare la vita a un paziente a ogni costo »; « è un dovere mentire a un paziente sul fatto che non sappiamo come curare suo figlio per salvare una vita » (*L'epidemia*, I.4) e « è un dovere dire la verità (nel modo più crudo) a un paziente perché si renda conto della propria condizione clinica e prenda del tutto consapevolmente decisioni ».

Anche assumendo che le cose per House stiano così sembra che la questione non sia risolta: tutti questi doveri determinati dalla particolarità delle circostanze della scelta ci lasciano insoddisfatti perché reintroducono quello che avevamo escluso, e cioè la considerazione delle conseguenze.[6]

All'inizio della nostra indagine avevamo di-

[6] Quella di House potrebbe ancora essere una concezione deontologica se House pensasse che ci sono doveri validi indipendentemente dalle conseguenze e tuttavia ammettesse l'applicazione di criteri consequenzialisti per risolvere un possibile conflitto tra doveri. Questo, potremmo dire, sarebbe un caso di eccezione a una regola, non di assenza di regole.

stinto molto schematicamente l'approccio deontologico da quello consequenzialista, dicendo che il primo dà la priorità a ciò che è doveroso su ciò che è bene e il secondo, viceversa, dà la priorità a ciò che è bene su ciò che è doveroso. Ora se diciamo che è un dovere mentire *per* sbugiardare uno come Vogler (e in tutta un'altra serie di occasioni ben specificate), non è vero che stiamo determinando cosa è giusto a prescindere dalle conseguenze delle nostre scelte, ma che stiamo considerando di volta in volta le conseguenze che ci interessano.

In effetti, anche Cuddy fa ad House un'osservazione di questo genere. Il problema questa volta (*Sotterfugi* I.14) è che House si rifiuta di indossare il camice e questo a Vogler non sta bene. Cuddy, quindi, cerca di convincerlo e House sfrutta l'occasione per esprimere la sua disapprovazione per quello che fa Vogler:

> CUDDY: È necessario il camice.
> HOUSE: A me è necessario del sesso sfrenato con una donna molto più giovane di te, la metà dei tuoi anni.
> CUDDY: Metti il camice!
> HOUSE: Ah, mammina ti ha sculacciata per bene stamattina...
> CUDDY: Ci dà cento milioni di dollari per guarire il cancro, non mi sembra una tragedia mettersi il camice...

HOUSE: Guarire il cancro... L'ospedale la smetterà con la mania di curare i pazienti...
CUDDY: Non è questo il suo obiettivo!
HOUSE: Il suo obiettivo è servirsi di noi per fare *trials* clinici.
CUDDY: Oh, vergogna! Non si dovrebbe... salvare vite umane così!
HOUSE: È immorale. Entri anche tu? Credevo di averti convinta.
CUDDY: Con i *trials* clinici si salvano migliaia di persone.
HOUSE: Usa i pazienti come cavie.
CUDDY: Per le industrie farmaceutiche è la norma.
HOUSE: Siamo un'industria farmaceutica? I pazienti faranno scelte pericolose per loro e utili per noi, la deontologia professionale ce lo vieta.
CUDDY: Si è rivoltato il mondo, adesso il rispetto deontologico è preminente per te?
HOUSE: Quello che è interessante è che adesso non lo è più per te.
CUDDY: Allora, se uno se ne frega dell'etica professionale per salvare una persona è ammirevole, ma se lo fa per salvarne migliaia è un bastardo! Vogler fa esattamente quello che fai tu, e lo fa bene. (I.14)

House qui afferma che non è etico sperimentare sui pazienti, cosa che lui stesso sembra fare piuttosto spesso. La differenza per House, è chiaro, sta nel fatto che lui fa esperimenti *per* salvare la vita a qualcuno, mentre Vogler lo fa soltanto *per* fare soldi.

Ma allora siamo costretti a dire che House è un consequenzialista? In un certo senso sì, a patto di aggiungere che è un consequenzialista un po' disonesto, che qualche volta camuffa il fatto che non è coerente nel determinare ciò che è bene, e quali sono, secondo lui, le conseguenze che ci devono interessare per fare la scelta giusta, dietro la maschera di una presunta etica deontologica. Ma il nostro House non rispetta delle regole – come gli dice in un'allucinazione l'uomo che gli ha sparato (*Mr. Jekyll e Dr. House* II.24) – al massimo inventa di volta in volta le proprie regole (→ LA LOGICA DI HOUSE), *ad hoc*. In questo modo non gli è difficile sembrare sempre giustificato, qualunque cosa faccia.

Il caso House

Questo genere di considerazioni sulla condotta di House non depongono certo a favore dell'eticità del suo comportamento. Inoltre non dobbiamo trascurare un altro elemento e cioè il fatto che House è un uomo straordinario e che l'ammirazione e la simpatia che si provano nei suoi confronti possono essere responsabili del fatto che, in fin dei conti, non siamo capaci di dare di lui un giudizio troppo severo; inoltre, diciamo la verità, le cose gli vanno quasi sempre per il verso giusto e alla fine, di fronte alla felice conclusione di un caso quasi impossibile da risolvere, siamo portati a ritenere che quello che ha fatto – tutto, ma proprio tutto ciò che ha fatto – era la cosa giusta da fare. Certo, basta che ci immaginiamo che, invece di risultare sistematicamente vincente, finisca sempre per sbagliare diagnosi e le cose cambiano radicalmente. Forse, sparita la nostra ammirazione (e con lei magari anche la nostra simpatia), rifletteremmo in maniera differente sulla necessità di umiliare e torturare i pazienti, di terrorizzarli, di mandarli in coma e poi risvegliarli, e di altri metodi diagnostici e terapeutici utilizzati da House.

Tuttavia, come abbiamo detto all'inizio, il problema più interessante da risolvere è proprio quello di stabilire se c'è qualcosa che ci giustifica ad approvare il comportamento di House, almeno in parte, da un qualche punto di vista etico. Se quel qualcosa c'è, va ricercato nel modo in cui House affronta i problemi, e non in come li risolve.

La cosa sorprendente è che in mezzo a tutte le incoerenze del personaggio riusciamo a rintracciare uno straordinario senso di responsabilità. La sua concezione della responsabilità si estende ben oltre il ruolo che a essa viene attribuito dalla morale comune e anche da molte teorie etiche. House, come vedremo, prende responsabilità che difficilmente altri si prenderebbero.

Non è un caso che l'unica *vera* lezione che tiene a una classe di studenti non è soltanto una lezione di diagnostica ma anche e soprattutto una lezione di etica della responsabilità.

> HOUSE: Io ho chiesto a voi cosa dovreste fare, perché lo domandate a me? [...]
> STUDENTI: Ma una scelta lo può uccidere e l'altra lo può salvare...
> HOUSE: Sì [...]
> STUDENTI: Quindi metà di noi l'ha ucciso e l'altra metà gli ha salvato la vita.
> HOUSE: Già.
> STUDENTI: Ma non è colpa nostra!
> HOUSE: Di certo va contro tutto quello che vi è stato insegnato, ma giusto e sbagliato esistono. E il fatto che non sappiate cosa è giusto e magari non abbiate nemmeno modo di saperlo non vi solleva dalle responsabilità. La cosa è più semplice, state commettendo un grosso errore. (I.21)

La responsabilità della diagnosi, della risoluzione del puzzle, è dunque una responsabilità morale alla quale non ci si può sottrarre, commettere un errore è qualcosa per cui non si possono trovare giustificazioni, dal punto di vista etico.

Nell'episodio *Sotto accusa* (II. 8) Chase e House – in quanto suo supervisore – sono sospettati di negligenza nei confronti di una paziente e Stacy cerca di preparare una difesa. La ricostruzione dell'accaduto avviene per mezzo di flashback che corrispondono alle diverse versioni dei fatti che Stacy riesce a farsi raccontare da Chase e da House. Chase cambia versione con l'evidente intento di discolparsi, ma alla fine la versione di House ha la meglio e inchioda Chase alle sue responsabilità.

Il fatto è che Chase era scosso e distratto e ha commesso quello che lui stesso definisce « un piccolo errore », un'omissione, potremmo dire: è stato superficiale e non ha insistito quando la paziente, sul punto di fargli una domanda, alla fine ci ha ripensato e, intimidita dall'atteggiamento di Chase, se n'è andata senza dire nulla. La paziente poco dopo si è aggravata ed è morta.

Per House chiaramente non esiste un catalogo di errori classificati per gravità e quello che Chase ha commesso non sarebbe un piccolo errore neppure se si potesse dimostrare che non c'è stata alcuna violazione delle procedure standard.

> CHASE: Se avesse anche solo accennato all'ibuprofene e al sangue nelle feci...
> HOUSE: Giààà! Ma non tutti hanno fatto medicina come te! Diarrea, sangue nelle feci, sono domande di routine!
> CHASE: Che nessun medico fa mai! Non ho commesso un errore così grave.
> HOUSE: Un errore è grave secondo quello che ne consegue! Questa donna rischia di morire perché non hai fatto lavorare il cervello! (II.8)

Riuscire a salvare la vita del proprio paziente, per House, è l'unica cosa che conta perché è l'unica cosa di cui si è responsabili, responsabili di una responsabilità che non c'è alcun modo di evitare, di scaricare. E non solo non la si può scaricare, non si può neppure portarla con leggerezza, non si può fingere che essere gentili con il paziente sia qualcosa che si fa nel suo interesse o qualcosa che gli si deve, per House è solo qualcosa che solleva il medico dal senso di colpa; l'unica cosa che è nell'interesse del paziente e che gli si deve è ciò di cui, al contempo, si è responsabili, ovvero salvargli la vita.

> HOUSE: Come vi insegnano a dire a qualcuno che sta per morire? Più o meno è come inse-

gnare a un architetto come spiegare che la sua casa è crollata. Fate giochi di ruolo, voi?

STUDENTI: Sì, uno di noi dà la brutta notizia e l'altro la deve ricevere.

HOUSE: E per prendere il massimo che cosa fate in questo teatrino a due? Vi danno il voto in... gentilezza? In capacità empatica? Esiste una scala per la compassione? C'è un amico mio, gli devo dare dieci dollari ogni volta che gli dicono grazie. Pensate un po', è talmente bravo a dire alla gente che sta per morire che lo ringraziano. (I.21)

Di fronte alla morte di un paziente, morte che per House non può essere mai dignitosa, perché la morte è sempre e solo orrenda (*Una prova per non morire* I.1), un medico è di fronte al proprio fallimento. Ed è soltanto a questo che deve pensare, un medico, per essere un buon medico. Questa è la lezione che House può dare, perché questa è la differenza tra lui e gli altri. Parlando a Foreman del dottor Hamilton House dice:

HOUSE: Ho chiesto informazioni, è un ottimo medico. Pensi che sia migliore di me? [...] Se credi che sia migliore di me come medico va con lui, altrimenti [...] declina gentilmente la proposta.

FOREMAN: Per stare qui a sopportare sarcasmo e umiliazioni?
HOUSE: Quando mai ti ho umiliato?
FOREMAN: Ma continuamente! Ogni volta che sbaglio.
HOUSE: Ti ritengo responsabile, e allora?
FOREMAN: Il dottor Hamilton perdona. Sa sorvolare sugli errori.
HOUSE: Tu non hai capito niente!
FOREMAN: Gli ho mandato tutto all'aria e...
HOUSE: Non ha detto che ti perdonava, ha detto che la colpa non era tua.
FOREMAN: E allora?
HOUSE: E invece sì che lo era! Hai rischiato, hai avuto un gran coraggio. Sì, d'accordo, avrai sbagliato, ma hai fatto qualcosa di grande, e io penso che tu ne debba andare orgoglioso! È in questo che io e lui siamo diversi! Per lui questo è un lavoro che come va va, per me il nostro lavoro ha molta importanza! *Lui dorme bene la notte e non dovrebbe!* (I.9)

Un errore, ogni errore, può costare la vita a qualcuno e nella pratica medica ogni scelta, anche quella giusta, porta con sé un rischio di cui il medico è inevitabilmente l'unico responsabile, anche quando, secondo House, la diagnosi è al di là delle sue possibilità. Ed è per questo che non si può permettere di avere una vita « normale » (*Rianimazione vietata* I.9), di smettere di pensare e di porsi domande, e spesso neppure di rispettare le regole (→ L'IPER-ETICA DI HOUSE), di arrendersi, potremmo dire, di fronte a esse. Un buon medico non dovrebbe dormire bene la notte!

3. Le ragioni di House
di *Blitris3*

Mi chiamo Sherlock Holmes. Il mio mestiere è quello di sapere le cose che gli altri non sanno.
ARTHUR CONAN DOYLE

Proviamo a fare un esperimento mentale e chiediamoci se la frase in epigrafe, pronunciata dal celebre detective Sherlock Holmes nell'avventura del *Carbonchio azzurro*,[1] potrebbe essere attribuita anche al dottor House. Immaginiamolo quindi di fronte alla sua *équipe* ammirata e quasi incredula perché lui solo è appena riuscito a diagnosticare una malattia a cui nessun altro avrebbe mai pensato: « Mi chiamo Gregory House », potrebbe certo dire con un tono tra l'ironico e il presuntuoso, « Il mio mestiere è quello di sapere le cose che gli altri

[1] A. Conan Doyle, « Il carbonchio azzurro », in *Le avventure di Sherlock Holmes* (1892), trad. it. di T. Lupi, Milano, Alberto Peruzzo Editore, 1988, p. 128.

non sanno». Ma è davvero così? È vero che House *sa* ciò che invece gli altri non sanno? Per poter rispondere a questa domanda da un punto di vista strettamente filosofico bisogna rivolgersi all'epistemologia, che è proprio quel settore della filosofia che si preoccupa di indagare le caratteristiche della nostra conoscenza e di determinare le condizioni in base alle quali è possibile affermare correttamente di conoscere o di sapere qualcosa.[2]

Tipi e condizioni di conoscenza

Quando nel nostro linguaggio quotidiano utilizziamo i due verbi «conoscere» e «sapere», lo facciamo con tre diverse accezioni. Possiamo dire che *sappiamo* guidare una moto, parlare l'inglese, fare il nodo a una cravatta, preparare il caffè, accendere un computer e così via. Riferendoci a oggetti e persone, diciamo invece che *conosciamo* i nostri colleghi di lavoro, il

[2] È bene precisare che non intendiamo qui affrontare problemi propri della filosofia della medicina (come per esempio caratterizzare le nozioni di malattia, diagnosi, sintomi, causa ecc.), quanto piuttosto utilizzare i casi di House per spiegare in modo più semplice e diretto le condizioni della conoscenza.

nostro cane, l'intera discografia dei Jefferson Airplane, i racconti di Sherlock Holmes ecc. Nel primo caso ci troviamo di fronte a un tipo di conoscenza che viene definita *competenziale*, mentre nel secondo si tratta di conoscenza *diretta* oppure *oggettuale*. Il terzo tipo di conoscenza, che è quello di cui ci occuperemo nel seguito, è invece la conoscenza *proposizionale*, chiamata così perché riguarda appunto la conoscenza di proposizioni quali: io so che Hugh Laurie ha vinto il Golden Globe per l'interpretazione del dottor House, che Arthur Conan Doyle è l'autore delle avventure di Sherlock Holmes, che avrei voglia di ascoltare « White rabbit » dei Jefferson Airplane, che due più due fa quattro e così di seguito. Se *S* e *p*, rispettivamente, sono un soggetto e una proposizione qualunque, la conoscenza proposizionale si può schematizzare in modo molto semplice come: « *S* sa che *p* ».

Detto questo, resta da chiedersi quali siano le condizioni necessarie per poter legittimamente parlare di conoscenza, in contrapposizione ad altri stati mentali (quali per esempio la credenza, il desiderio, la supposizione, la speranza ecc.). La definizione classica, che considera la conoscenza come una credenza vera e giustificata, richiede che siano rispettate tre diverse condizioni (e, proprio per questo motivo, viene ricordata come « definizione tripartita »). Schematicamente, possiamo affermare che *S* sa che *p* se e solo se:[3]

1 – *S* crede che *p*;
2 – *p* è vero;
3 – *S* è giustificato a credere che *p*.

È importante notare che queste tre condizioni sono tutte *necessarie* affinché si dia genuina conoscenza; ciò significa che, se anche una sola di esse non dovesse verificarsi, non si potrebbe più dire correttamente che *S* sa che *p* (→ LA LOGICA DI HOUSE).

Cerchiamo di capire meglio il significato delle tre condizioni mediante un esempio. Supponiamo di dover giudicare se io so davvero che Hugh Laurie ha vinto il Golden Globe per l'interpretazione del dottor House. La prima condizione richiede che io *creda* che Hugh Laurie ha vinto il Golden Globe per l'interpretazione del dottor House. Ciò significa che devo dare il

[3] Benché il problema non venga affrontato in questo lavoro, è opportuno far presente che le tre condizioni, da sole, non sono invece sufficienti a caratterizzare la conoscenza. Per un approfondimento del problema vedi N. Vassallo, *Teoria della conoscenza*, Roma-Bari, Laterza, 2003.

mio assenso alla proposizione in questione, non devo solo accettarla e ritenerla vera, ma anche essere disposta ad accettarla e a scommettere sulla sua verità.[4] La necessità di tale condizione emerge chiaramente dal fatto che troveremmo contraddittorio e inammissibile se io dicessi di sapere che Hugh Laurie ha vinto il Golden Globe per l'interpretazione del dottor House ma, allo stesso tempo, dichiarassi sinceramente di non credere affatto a quanto ho appena detto. Come farei infatti a saperlo senza crederlo? Ovviamente potrebbe essere comprensibile da un punto di vista psicologico (possiamo immaginare qualcuno che dica con sincerità: «Lo so, ma non ci credo»), ma ricordiamoci che qui stiamo considerando il problema solo dal punto di vista epistemologico.

La seconda condizione esige invece che sia *vero* che Hugh Laurie ha vinto il Golden Globe per l'interpretazione del dottor House. Affinché tale condizione sia rispettata, deve esistere una persona che si chiama Hugh Laurie, che di mestiere fa l'attore, ha interpretato il dottor House in una serie televisiva americana e ha effettivamente vinto un premio prestigioso, il Golden

[4] È importante sottolineare che la credenza è qui intesa esclusivamente nel senso tecnico appena spiegato.

Globe, proprio grazie a tale interpretazione. Anche per quanto riguarda questa seconda condizione, appare subito chiaro il motivo della sua necessità. Per esempio, nessuno sarebbe disposto ad ammettere che io possa sapere che Hugh Laurie ha gli occhi marroni, per il semplice fatto che non è vero che l'attore ha gli occhi marroni, bensì di un bell'azzurro intenso. Se la prima è una condizione soggettiva (che cioè coinvolge le credenze appartenenti al singolo soggetto conoscente), questa è al contrario una condizione oggettiva, poiché dipende da come è fatto il mondo, cioè da fatti esterni e indipendenti dal soggetto conoscente.

L'ultima condizione, infine, impone che io sia *giustificata* a credere che Hugh Laurie ha vinto il Golden Globe per l'interpretazione del dottor House, ovvero che io abbia delle buone ragioni, delle evidenze o delle prove per sostenerlo. Potrei, per esempio, aver letto la notizia su un giornale famoso (ma anche attendibile), potrei aver assistito alla cerimonia di premiazione alla televisione o, magari, addirittura personalmente. Avere delle giustificazioni significa essere in grado di rispondere a domande semplici, ma fondamentali del tipo: «*Come* sai che Hugh Laurie ha vinto il Golden Globe per l'interpretazione del dottor House?», «*Perché* credi che Hugh Laurie abbia vinto il Golden

Globe per l'interpretazione del dottor House? » (o a qualunque altro interrogativo che richieda di fornire delle ragioni). Ma tali ragioni devono essere epistemiche: non possono cioè essere basate sul caso, sulla fortuna o su strane congetture. Se io dicessi di sapere che Hugh Laurie ha vinto il Golden Globe per l'interpretazione del dottor House perché l'ho capito esaminando dei fondi di caffè o di tè, nessuno (o quasi) sarebbe disposto a riconoscere che si tratta di conoscenza (sebbene sia vero che Hugh Laurie ha vinto il Golden Globe per l'interpretazione del dottor House e io lo creda fermamente).

Come avremo modo di approfondire in seguito, insomma, la giustificazione deve poter costituire un tramite per arrivare alla verità, che è poi il fine di ogni impresa conoscitiva. Avere una giustificazione solida e convincente risulta essere di fondamentale importanza, proprio perché le credenze giustificate hanno più probabilità di essere vere rispetto a quelle che, invece, non lo sono.

Ritornando al nostro problema iniziale, la questione è allora la seguente: tenuto conto della definizione tripartita di conoscenza, è possibile affermare a buon diritto che House *sa/conosce* ciò che gli altri non sanno/non conoscono? Per rispondere in modo esauriente alla domanda, analizzeremo le due condizioni della verità e della giustificazione.[5]

Verità

Almeno a livello intuitivo, abbiamo detto che quando cerchiamo la verità ci chiediamo come sia fatta la realtà fuori di noi, quali siano le condizioni oggettive del mondo che possono rendere vera o falsa una nostra particolare credenza. Quando in *Rianimazione vietata* (I.9) il dottor Hamilton asserisce con sicurezza di *sapere* che il suo paziente, un famoso jazzista costretto sulla sedia a rotelle, ha la sclerosi laterale amiotrofica (ALS), immediatamente ci aspettiamo che egli non solo creda che il suo paziente ha l'ALS e abbia delle buone giustificazioni per questa sua credenza (giustificazioni peraltro accettate con assoluta convinzione anche dagli stessi collaboratori di House), ma anche – e soprattutto –

[5] Per quanto riguarda la credenza, infatti, è immediato affermare che quando House dice di sapere che un paziente ha una certa malattia, egli crede anche in ciò che dice. Per esempio, molte volte lo vediamo mettere in gioco la propria carriera o – forse ancora più spesso – la vita dei pazienti tanto è disposto a credere alla proposizione in questione e a scommettere su di essa.

che sia vero che il paziente ha l'ALS, cioè che l'ALS sia davvero la malattia che, oltre a paralizzarlo, gli ha causato la polmonite e i gravi problemi respiratori che non gli permettono di suonare più la tromba. Appena si scopre che House aveva ragione e che non si trattava di ALS, nonostante fino a quel momento le evidenze avessero indicato proprio quella malattia come l'unica possibile responsabile, nessuno sarebbe più disposto ad ammettere che Hamilton *sapeva* che era ALS, nemmeno prima che emergessero questi nuovi risultati. Con una buona dose di semplificazione, possiamo quindi identificare il piano della verità con quello della malattia che colpisce effettivamente il paziente causando in lui sintomi più o meno specifici.

Questo esempio non solo fa emergere in modo piuttosto evidente il carattere necessario della verità ai fini della conoscenza, ma permette altresì di anticipare alcune considerazioni che riprenderemo poi parlando della giustificazione. La giustificazione dovrebbe essere il tramite per arrivare alla verità, poiché tanto più saremo in grado di giustificare e avvalorare una nostra diagnosi, tanto più sarà probabile che la diagnosi corrisponda alla reale malattia che ha colpito il paziente. Ma la verità resta comunque necessaria ai fini della conoscenza e indipendente dalla giustificazione: non importa quanto fondata e inattaccabile sia la giustificazione, perché se il mondo è strutturato in modo diverso, non posso avere alcuna conoscenza dei fatti in questione. Il concetto di verità che costituisce lo sfondo dei casi clinici esaminati da House è quindi un concetto che potremmo chiamare oggettivo o realista di verità. Questo, tuttavia, non significa che sia davvero l'unico concetto di verità che emerge dalla serie, sebbene esso sia senz'altro il principale. Ma quali altri concetti di verità possono esistere?

Le teorie della verità proposte dai filosofi nel corso della storia sono molte e difficilmente etichettabili, anche perché è possibile distinguerle e raggrupparle sulla base di categorie eterogenee.[6] Per i nostri scopi sarà sufficiente considerare due possibili distinzioni: quella tra teorie non epistemiche ed epistemiche e quella tra teorie realiste e anti-realiste della verità.[7]

[6] Per una breve e agile introduzione al problema della verità cfr. P. Engel, *Verità*, Genova, De Ferrari Editore, 2004.

[7] Nel seguito, per semplicità, parleremo di teorie realiste e non epistemiche in contrapposizione a teorie antirealiste ed epistemiche, ma questo non è l'unico abbinamento possibile. Per esempio, ci sono anche posizioni che vorrebbero invece conciliare il realismo con una concezione epistemica della verità.

Fino a questo momento, parlando di verità solo in generale, abbiamo considerato implicitamente una concezione non epistemica e realista della verità. Per non epistemica si intende una concezione della verità che la svincola dalle nostre capacità conoscitive e dalle credenze che effettivamente possediamo. In questo senso, una concezione non epistemica della verità è anche realista, nella misura in cui considera le nostre credenze vere oppure false a seconda di come è fatto il mondo. Non solo: una simile prospettiva non scarta l'ipotesi che anche le nostre teorie migliori (quelle che sembrano essere perfettamente giustificate alla luce dei fatti) potrebbero essere false (in quanto non corrispondenti alla realtà). Intuitivamente, possiamo quindi parlare di verità nei termini di corrispondenza con la realtà.

Per contro, le teorie epistemiche legano la verità alle nostre possibilità conoscitive: una certa proposizione è vera se è giustificabile (cioè, potremmo dire, asseribile) in condizioni più o meno ideali. In questo caso, insomma, la verità è intrinsecamente collegata a nozioni come quelle di giustificazione, di asserzione o di criteri di asserzione. Una concezione epistemica della verità è anche anti-realista, poiché nega che la verità sia del tutto indipendente dalle nostre particolari credenze. Un'importante conseguenza di questa seconda impostazione è la cosiddetta *sottodeterminazione della teoria*: più teorie rivali (nel nostro caso specifico più diagnosi) sono compatibili con gli stessi dati empirici (cioè con gli stessi sintomi). Il problema, infatti, è proprio quello di scegliere tra le diverse alternative, avendo scartato per ipotesi la possibilità di ricorrere a un criterio esterno (inevitabilmente di matrice realista). Non è la realtà, insomma, a determinare la verità di una teoria. Un'ultima precisazione da fare è quella di non confondere l'anti-realismo con l'idealismo, cioè quella posizione filosofica che addirittura nega l'esistenza di una realtà esterna al soggetto conoscente.[8]

La verità di House

Il concetto di verità che, più o meno implicitamente, sottende tutti i ragionamenti fatti da House e dalla sua *équipe* è senza dubbio di stampo realista e non epistemico. La malattia

[8] L'anti-realismo, invece, non ha alcun bisogno di negare l'esistenza del mondo esterno, in quanto – come abbiamo detto – si limita a sostituire il concetto di verità con quello di asseribilità (garantita).

fa parte del mondo esterno ed è ciò che può rendere vera o falsa una particolare diagnosi. In modo molto semplice, l'idea è che non importa quanto la diagnosi sia coerente, con quale efficacia o con quale eleganza tenga legati assieme tutti i sintomi, preveda nuovi decorsi e nuove sintomatologie: anche la diagnosi più giustificata, infatti, potrebbe poi rivelarsi completamente falsa.

Siccome questo concetto realista e non epistemico di verità è onnipresente nella serie, ci limiteremo a considerare i casi non standard, quelli cioè in cui esso viene negato e soppiantato dal suo rivale: la concezione di verità antirealista ed epistemica. Ovviamente colui che si schiera contro le più radicate convinzioni del nostro senso comune non può che essere proprio lui, House.

In *Una sfida per House* (I.3) un ragazzo viene ricoverato con una serie di sintomi che sembra impossibile poter spiegare tutti assieme: tosse, dolori addominali, nausea, febbre e pressione sanguigna molto bassa. In un primo momento House ipotizza che possa trattarsi di due diverse malattie che si sono manifestate contemporaneamente, ma le cure somministrate, dopo un iniziale miglioramento, sembrano non fare alcun effetto, anzi la situazione peggiora di nuovo. Ecco allora che House ha una delle sue improvvise intuizioni; egli chiede quale sia stato il sintomo che si è manifestato per primo (la tosse), compie delle ricerche e trova la soluzione: il ragazzo si è fatto prescrivere delle pastiglie per la tosse, ma il farmacista, per sbaglio, gli ha dato delle pillole contro la gotta. Se somministrato a una persona sana, infatti, il principio attivo di questo farmaco – la colchicina – provoca esattamente gli stessi sintomi che presenta il paziente. C'è però un problema: in ospedale il ragazzo sarebbe dovuto guarire (non prendendo più la medicina sotto accusa), mentre, dopo un lieve miglioramento, è peggiorato di nuovo. Per salvare la sua teoria, House ipotizza che sia stato un familiare ad avergli dato nuovamente le pillole per la gotta pensando che fossero per la tosse. In effetti è proprio così, perché la madre ha dato al figlio l'ultima pillola della confezione. Ma ormai non c'è più modo di verificare la teoria di House direttamente. Se però i familiari vedessero come sono fatte le vere pillole per la tosse e non le riconoscessero, l'ipotesi sarebbe confermata lo stesso, sebbene per via indiretta. Purtroppo però questo non avviene, perché sono tutti d'accordo che le pastiglie siano identiche a quelle che erano state date al giovane. La teoria di House sembra allora crollare come un castello di carte. È a questo punto che, in un dialogo con

Wilson, assistiamo alla più forte ed esplicita dichiarazione di House in senso epistemico e anti-realista.

> HOUSE: Era perfetto, era bellissimo.
> WILSON: Spesso la bellezza seduce sulla via verso la banalità.
> HOUSE: E la banalità ferisce l'intelligenza.
> WILSON: Com'è vero!
> HOUSE: Non ti dà fastidio?
> WILSON: Che ti sia sbagliato? Cerco di superare il dolore.
> HOUSE: Non mi sono sbagliato. Tutto quello che ho detto era vero, calzante, elegante.
> WILSON: Quindi era sbagliata la realtà.
> HOUSE: La realtà è quasi sempre sbagliata. (I.3)

In che senso possiamo dire che House qui sostiene un concetto epistemico e anti-realista di verità? Per rispondere, chiediamoci perché egli afferma: «Non mi sono sbagliato, tutto quello che ho detto era vero, calzante, elegante». House ha costruito una teoria perfetta per giustificare la sua diagnosi: avvelenamento da colchicina. La teoria non è solo in grado di raggruppare assieme tutti i sintomi manifestati dal paziente, ma tiene anche conto dell'ordine in cui questi si sono presentati; è inoltre capace di spiegare tanto l'iniziale ma momentaneo miglioramento del paziente, quanto il peggioramento di poco successivo; infine è semplice, coerente ed efficace. Una teoria del genere, per House, non può non essere vera. Il concetto di verità, così come viene caratterizzato dal nostro eroe attraverso queste brevi battute, è di chiara matrice epistemica, poiché è evidente come esso sia intrinsecamente legato alle giustificazioni che avvalorano la teoria stessa. In altre parole, la verità espressa qui *è* l'asseribilità garantita di cui si è parlato in precedenza, niente di più. Si tratta inoltre di un'accezione anti-realista della verità: House non nega che la realtà esista (come abbiamo già sottolineato, non si devono confondere anti-realismo e idealismo), ma quando risponde a Wilson affermando « La realtà è quasi sempre sbagliata » sembra più che altro voler evidenziare come essa non sia affatto importante al fine di giudicare l'effettiva correttezza e la verità stessa della sua teoria. Non è tanto la realtà che rende vere le nostre teorie, quanto piuttosto la loro coerenza interna e il loro grado di giustificazione.

Nonostante House non voglia rinunciare alla verità della propria teoria, è davvero disposto ad accogliere *in toto* un concetto epistemico e anti-realista di verità? La risposta deve essere negativa, perché in realtà la tensione è solo momentanea. Se continuassimo ad ascoltare il suo dialogo con Wilson, infatti, vedremmo che è lo stesso House ad ammettere (forse più con i fatti che con le parole) che un'ottima giustificazione non è di per sé sufficiente per la verità. Al contrario di quanto si è detto poco sopra, quindi, per House la verità *non* è l'asseribilità garantita (essere vero non è la stessa cosa che essere giustificato). Incalzato da Wilson, infatti, egli cede quasi subito:

> WILSON: Meglio restare alla tua teoria? [Noi potremmo aggiungere: visto che per quanto detto *è* vera]
> HOUSE: Va bene, fisso l'intervento. (I.3)

Questa sua ultima e sofferta battuta (siccome autorizzare l'intervento significa riconoscere che la propria diagnosi era sbagliata) è l'implicita ammissione che per caratterizzare la verità non bastano né la giustificazione né l'asseribilità garantita: una teoria, per quanto sia coerente, elegante e calzante, può sempre essere falsa se non corrisponde a come è fatto il mondo. Ecco che alla fine siamo tornati a una concezione della verità di tipo realista e non epistemico: per House, nonostante tutto, non ci possiamo accontentare di una teoria ben costruita, internamente coerente, che spieghi e preveda tutti i fatti, ma abbiamo bisogno che essa sia *vera* nel senso più forte di corrispondere al mondo (dire che un enunciato è vero, insomma, sarebbe come dire che le cose sono tali e quali l'enunciato le descrive).

Giustificazione

Nel primo paragrafo abbiamo visto che una giustificazione accettabile per poter parlare di conoscenza deve essere epistemica: non deve cioè essere casuale o il frutto di congetture più o meno strane e misteriose. Per semplicità possiamo identificare il livello della giustificazione con il piano dell'elaborazione (e della verifica) di una diagnosi differenziale. Per esempio, supponiamo che io debba rendere conto della seguente affermazione: « Io so che la paziente ha il raffreddore ». Alla domanda « Come lo sai? » (o si potrebbe anche chiedere « Come sei giunto a formulare proprio questa diagnosi tra le varie alternative possibili? »), potrei rispondere dicendo che la paziente ha il naso congestionato, gli occhi lucidi e starnutisce spesso e che questi sono tutti sintomi evidenti del raffreddore. Siccome però questi sintomi sono compatibili anche con un'allergia, per essere davvero giustificata a formulare la mia diagnosi dovrei poter aggiungere che la paziente ha la gola molto irritata, qualche linea di febbre e afferma sia di aver preso freddo nei giorni precedenti, sia di non avere mai sofferto di alcuna allergia (o potrei anche decidere di farle dei test allergenici). Solo a questo punto sono giustificata a credere che la paziente ha il raffreddore; lo credo e, supponendo ovviamente che ciò sia anche vero e che la terapia che decido di somministrarle funzioni, potrò finalmente dire che so che la paziente ha il raffreddore. Più in generale, nel caso di House, possiamo pensare che egli sia giustificato a proporre una certa diagnosi piuttosto che un'altra nel momento in cui tale diagnosi rispetti e spieghi i sintomi, anticipi il decorso della malattia, preveda le reazioni del paziente a una terapia piuttosto che a un'altra e così via.

Il problema, siccome nella maggior parte dei casi non è affatto altrettanto semplice proporre e verificare una diagnosi differenziale, è quello di stabilire quali siano i criteri per avere una buona giustificazione, ovvero per ottenere una giustificazione che ci conduca nel modo più probabile e sicuro verso la verità (migliore è la giustificazione di una credenza – lo ripetiamo – più alte sono le probabilità che tale credenza sia anche vera). In altre parole, come possiamo formulare, giustificare e scegliere una particolare diagnosi (rispetto ad altre), in modo tale da essere garantiti che essa sia vera, cioè che identifichi la malattia reale del paziente?

Tentativi ed errori

Il metodo delle scienze sperimentali è un metodo che può essere definito a tentativi ed errori. Esso consiste appunto nell'evidenziare un certo problema, avanzare un'ipotesi che possa renderne conto, testarla, accorgersi eventualmente che è sbagliata, formularne un'altra e così via.[9] Come direbbe House: « Se migliora avevamo ragione, se no cercheremo qualcos'altro », *Una prova per non morire* (I.1). In altre parole, di fronte a un nuovo paziente, il procedimento seguito più spesso da House e dalla sua *équipe* è il seguente:[10]

[9] Come sostiene Karl Popper, la scienza si muove sempre a partire dall'individuazione di un problema e dai successivi tentativi per risolverlo. A questo proposito cfr. K. Popper, *La logica della scoperta scientifica*, 1959, trad. it. di M. Trinchero, Torino, Einaudi, 1998³. Nella serie accade esattamente la stessa cosa, poiché tutto comincia con un paziente che presenta un problema, ovvero manifesta determinati sintomi fuori dalla norma.

[10] Come in tutte le scienze sperimentali, questo metodo rappresenta solo un'astrazione rispetto alla reale

(1) si fa una diagnosi differenziale, si identifica cioè una certa malattia come la più probabile rispetto alle evidenze disponibili;
(2) si traggono le conseguenze e si cerca di verificare la diagnosi, per esempio attraverso un test di laboratorio;
(3) se la diagnosi viene verificata, allora si comincia la cura; in caso contrario, la diagnosi è falsificata e se ne deve cercare un'altra.

Semplificando come al solito la situazione reale, possiamo dire che nella fase (1) si parte da un problema, cioè dai sintomi manifestati dal paziente e da una sua anamnesi, per arrivare alla formulazione di diverse diagnosi e alla scelta di quella che, alla luce delle evidenze, appaia come la più giustificata (quella che abbia maggiori probabilità di essere vera). Detto in altri termini, si parte da alcuni sintomi che devono essere spiegati (*explanandum*), si fanno diverse diagnosi e si sceglie quella che riesce a spiegarli meglio delle altre (*explanans*). Ma nel momento in cui una diagnosi può aiutare a spiegare i sintomi, è altresì vero che so-

pratica medica ed è pertanto soggetto a numerose eccezioni. Alcune di esse saranno prese in considerazione, altre solo accennate.

no gli stessi sintomi a contribuire poi a sostenere la correttezza della diagnosi (in tal senso la diagnosi è giustificata dai sintomi).[11] Una diagnosi, in ogni caso, non è formulata a partire dal nulla (o almeno, secondo molti, non dovrebbe esserlo), ma, già a questo primo livello, deve poter essere giustificata: devono cioè esistere delle ragioni per cui tale diagnosi viene preferita rispetto ad altre, affermata e ritenuta vera. Questa fase può essere identificata con il cosiddetto *contesto della scoperta*, quello in cui appunto vengono avanzate le ipotesi di partenza.

Una volta formulata una certa ipotesi, è necessario verificarne la correttezza attraverso il passo (2) (che rappresenta quello che è definito come il *contesto della giustificazione*). Per farlo bisogna però sapere quali siano alcune delle possibili conseguenze della malattia e controllare attraverso un test di laboratorio se si presentino o meno. Per esempio, se la diagnosi fosse una malattia causata da un virus, sarebbe necessario controllare se l'organismo abbia sviluppato gli anticorpi specifici per quel virus. A questo punto siamo arrivati al passaggio (3): se

[11] In questo contesto, insomma, *explanans* ed *explanandum* non sono mai rigidamente determinati.

gli anticorpi sono presenti, significa che l'organismo ha contratto la malattia in questione e la diagnosi è verificata, in caso contrario bisogna elaborare una diagnosi alternativa e ripetere lo stesso procedimento. Più in generale, quest'ultimo punto indica quali siano le due strade che possiamo imboccare a seconda di ciò che è accaduto in (2): si può cominciare la cura stabilita per la diagnosi che è appena stata verificata, oppure si deve ricominciare da capo e cercare di formulare una diagnosi migliore.

In realtà, come si può ben immaginare, le cose non sono affatto così semplici. Vediamo perché, attraverso un esempio concreto. In *Chi è tuo padre?* (II.23), messo di fronte a un apparente insuccesso, House fa la seguente considerazione:

> Avevamo pensato che si trattasse di emocromatosi. Da bravi medici, abbiamo verificato e dimostrato questa ipotesi. E poi in base a questo abbiamo curato la paziente. Il risultato è che lei ora è a un passo dalla morte. Sbaglio o abbiamo scoperto una crepa nel metodo scientifico? (II.23)

Quanto accaduto, almeno a una prima e superficiale impressione, potrebbe in effetti sembrare una confutazione del metodo che abbiamo descritto poco sopra, perché tutti e tre i passi vengono precisamente rispettati:

(1) viene elaborata la diagnosi più probabile in relazione ai sintomi a disposizione: la paziente ha l'emocromatosi;
(2) vengono tratte le conseguenze e si cerca di verificare la diagnosi: nel fegato dovrebbe essersi depositato un accumulo anormale di ferro e, in effetti, tale accumulo è visibile dalle radiografie;
(3) la diagnosi è stata verificata, quindi si comincia la cura appropriata.

A questo punto il risultato dovrebbe essere la guarigione e invece la paziente rischia quasi di morire. È il metodo scientifico a essere sbagliato, oppure esistono delle limitazioni che non sono state prese in considerazione?

Cominciamo analizzando il punto (2). Il risultato di un qualsiasi test non è sempre attendibile e, in ogni caso, non esiste una conferma che sia conclusiva al cento per cento: nonostante le verifiche, è comunque possibile che una diagnosi che le abbia superate tutte con successo si riveli alla fine scorretta. Supponiamo per esempio di aver diagnosticato un virus e di aver trovato la presenza dei suoi anticorpi specifici. L'ipotesi sembra essere stata verificata, ma può accadere che gli anticorpi ci siano perché la malattia era stata contratta in precedenza, ma ormai il virus non è più attivo, oppure, nel caso di un bambino appena nato, può succedere che gli anticorpi ci siano solo perché sono quelli della madre (è quel che accade nell'episodio intitolato *L'epidemia* I.24). Nel caso specifico menzionato da House, invece, non solo il metodo scientifico risulta essere corretto, ma anche la diagnosi. Ciò che non era stato previsto era la presenza di un fungo di per sé innocuo, ma che, combinato alla cura per la malattia diagnosticata, ha quasi portato alla morte della paziente.

Come se non bastasse, si può anche presentare il caso in cui non ci sia un metodo né la possibilità di verificare la diagnosi; così, in assenza di alternative plausibili, per verificare una diagnosi è necessario passare direttamente alla cura con la speranza che faccia effetto. In questo caso i passaggi (2) e (3) si fondono in un unico livello. Questa dinamica è evidente in *Un candidato a rischio* (I.17), quando House afferma: «Fate al senatore una flebo di immunoglobulina: se migliora ho ragione io, se muore tu». Citando ancora House, insomma, possiamo essere d'accordo che in questo senso «Non esiste nessuna scienza conclusiva» (*Il caso House* I.21).

Induzione e giustificazione

Nell'episodio *Vita per un'altra vita* (I.12) House cura un famoso giocatore di baseball che è stato ricoverato per una frattura al braccio, avvenuta con un'insolita dinamica durante la registrazione di uno spot contro il *doping*. Dopo che le analisi hanno rivelato una strana fragilità delle ossa, si sviluppano ulteriori sintomi difficilmente compatibili con una sola malattia. È Chase a intravedere una possibile soluzione: se non si considerassero i problemi che hanno compromesso i reni, tutto il resto si identificherebbe perfettamente con le manifestazioni di una malattia nota e curabile (il morbo di Addison). Ma allora cosa ha distrutto i reni del famoso giocatore? Siccome si tratta di uno sportivo, la risposta più ovvia è che la causa sia da attribuire a una eccessiva assunzione di steroidi. Il paziente tuttavia nega con decisione di farne uso. A questo punto si pone il seguente problema, messo bene in evidenza da House:

> Questo è un peccato, perché la nostra teoria è che il danno ai reni è provocato da A e tutto il resto da B. Il bello della teoria è che possiamo curare sia A che B. Ma se invece consideriamo la totalità dei sintomi, allora dobbiamo cercare una lettera completamente diversa, che

nemmeno esiste nell'alfabeto. Non possiamo guarire le ossa, niente più baseball, niente respirazione... niente funzioni cerebrali. (I.12)

Quale modello di ragionamento sta dietro la diagnosi di House e della sua *équipe*? La citazione ricorda il famoso metodo dei residui proposto da John Stuart Mill, secondo il quale, quando abbiamo un certo fenomeno e siamo in grado di sottrarne una parte perché sappiamo che è l'effetto di una causa già nota, il residuo del fenomeno sarà l'effetto della causa rimanente. Detto in altri termini, supponiamo di dover spiegare un fenomeno e di aver ipotizzato alcune possibili cause. Se riusciamo a spiegare certi aspetti del fenomeno facendo ricorso a una o più delle cause considerate, allora potremo ipotizzare che gli altri aspetti del fenomeno siano spiegati dalle cause restanti.

Vediamo allora se è davvero possibile estrapolare questo metodo dei residui dalla formulazione della diagnosi proposta da House. Il fenomeno in questione è l'insieme dei sintomi manifestati dal paziente: estrema fragilità delle ossa, malfunzionamento del fegato e dei reni, problemi respiratori e rimpicciolimento dei testicoli. Il morbo di Addison – la possibile diagnosi avanzata da Chase – è la causa che potrebbe spiegare i problemi al fegato, alle ossa, alla respirazione e ai testicoli (ma non ai reni). Se noi riuscissimo a sottrarre dagli effetti il problema ai reni attribuendolo a una causa già nota, cioè agli steroidi (si capisce qui l'importanza che il giocatore ammetta di fare uso di steroidi, perché altrimenti la causa non potrebbe essere considerata già nota), allora potremmo affermare che i quattro sintomi rimanenti sono dovuti al residuo di causa, cioè appunto al morbo di Addison.

In questo modo la diagnosi non sarebbe né casuale né frutto di qualche strano e misterioso ragionamento. Se qualcuno dovesse chiederci «Perché credi che il paziente abbia il morbo di Addison?», si potrebbe semplicemente rispondere: «Ci sono cinque sintomi rilevanti; non esiste alcuna malattia che li possa causare tutti e cinque; il morbo di Addison ne prevede quattro, ma abbiamo già trovato cosa ha prodotto il quinto; perciò sono giustificato a credere che il paziente abbia proprio tale malattia». Attraverso questo tipo di giustificazione, la nostra diagnosi avrà più probabilità di essere vera e di costituire così una genuina conoscenza.

Questo, ovviamente, non è l'unico modo di giustificare una diagnosi all'interno del contesto della scoperta. Nella serie ne troviamo almeno altri due che, tuttavia, per motivi di spazio, ci limitiamo solo a menzionare: il rasoio di

Occam e l'induzione per eliminazione.[12] Nel primo caso, una diagnosi viene giustificata facendo leva sul fatto che non bisogna fare più assunzioni di quelle strettamente indispensabili e che, quindi, la spiegazione migliore è (quasi) sempre la più semplice (*Una sfida per House* I.3); nel secondo, invece, si sceglie la diagnosi che rimane dopo aver escluso tutte le possibili alternative (*Rianimazione vietata* I.9).

Anarchia e giustificazione

Nell'episodio intitolato *L'anarchia di House* (II.9) una giovane donna viene ricoverata a causa di una crisi epilettica, ma una volta in ospedale le viene diagnosticata al di là di ogni possibile dubbio la sindrome di Münchhausen: la ragazza non è veramente malata, ma si procura da sola falsi sintomi per poter ricevere le attenzioni dei dottori. House ovviamente non è d'ac-

[12] Questa forma di induzione, che può essere fatta risalire a Francesco Bacone, è ampiamente utilizzata anche da Sherlock Holmes: « Quante volte le ho detto che, una volta scontato l'impossibile, ciò che rimane, *per quanto improbabile*, deve essere la verità? », A. Conan Doyle, *Il segno dei quattro* (1890), trad. it. di T. Lupi, Milano, Alberto Peruzzo Editore, 1988, p. 136.

cordo, almeno non del tutto. Pur ammettendo che la paziente abbia la Münchhausen, egli crede infatti che sia anche affetta da una grave – e questa volta autentica – malattia, l'anemia aplastica. Come fare a dimostrarlo dopo che è stata accertata la Münchhausen e, soprattutto, dopo che la paziente è stata dimessa e quindi non può essere più sottoposta a ulteriori esami? Non sembrano davvero esserci soluzioni. D'altra parte House è certo della propria teoria, talmente certo da spingersi fino al punto di creare artificialmente un sintomo della malattia diagnosticata, proprio per riuscire a giustificare agli occhi dell'intera *équipe* e di Cuddy quella stessa diagnosi. Spiegando alla giovane paziente le proprie intenzioni, House è estremamente esplicito:

> Il problema è che invece apparentemente stai bene, quindi devo fare in modo che sembri malata come dovresti iniettandoti un farmaco che simuli i sintomi di quello che in realtà hai. [...] Il che confermerà in pieno la mia diagnosi. (II.9)

Uno scienziato come House farebbe senz'altro la gioia di un filosofo della scienza come Paul Feyerabend (ideatore e sostenitore dell'anarchismo metodologico) che, descrivendo il modo in cui Galileo riuscì a giustificare la teoria copernicana, sembra davvero parlare di House:

> Quando l'«idea pitagorica» del moto della Terra fu richiamata in vita da Copernico, si imbatté in difficoltà superiori a quelle cui si trovava di fronte la contemporanea astronomia tolemaica. A rigore, la si sarebbe dovuta considerare confutata. Galileo, che era convinto della verità della concezione copernicana [...] ricercò nuovi tipi di fatti che potessero essere usati a sostegno di Copernico e che potessero essere accettati da tutti.[13]

In particolare,

> Ogni volta che gli fu possibile, sostituì vecchi fatti con un nuovo tipo di esperienza, che egli semplicemente *inventò* allo scopo di sostenere Copernico.[14]

In modo analogo, House dovrebbe considerare confutata la propria diagnosi di anemia aplastica, benché, d'altra parte, sia davvero convinto della sua verità. Egli cerca quindi un nuovo

[13] P. Feyerabend, *Contro il metodo* (1975), Milano, Feltrinelli, 1979^3, p. 130.
[14] *Ibid.*, p. 131.

sintomo che possa sostenere la propria ipotesi ed essere riconosciuto e accettato anche dall'intera *équipe*. Poiché tuttavia il sintomo non c'è, House semplicemente lo inventa, allo scopo preciso di suffragare la propria diagnosi. L'analogia tra il Galileo di Feyerabend e House è resa ancora più evidente nel momento in cui viene svelato il trucco dell'iniezione e Foreman afferma: « House è un anarchico! » (II.9).[15] L'unica differenza tra i due è che, mentre il primo aveva davvero ragione circa la verità della propria teoria, il secondo, invece, scopre che era falsa e confessa il proprio inganno (dopo che tutti però avevano ormai concordato con la sua diagnosi!)

Oggettività della giustificazione

Pur avendo dimostrato l'importanza e la centralità della giustificazione, ci possiamo ancora chiedere se House ritenga che essa sia necessaria in qualsiasi circostanza. A volte House sembrerebbe rispondere in maniera negativa, come quando, in *Una prova per non morire* (I.1), afferma: « I pazienti pretendono sempre delle pro-

[15] Per i risvolti etici → L'IPER-ETICA DI HOUSE.

ve, ma qui non siamo in una fabbrica di automobili, non rilasciamo garanzie». In realtà affermazioni del genere sono solo estemporanee, poiché House è il primo che non farebbe mai un'affermazione senza avere delle giustificazioni (tanto è vero che, in *Caccia al topo* II.7, Stacy lo apostrofa dicendo: «Sei presuntuoso e arrogante, ma non sei mai certo di una cosa se non hai qualche conferma»).

Il problema, come in parte abbiamo già visto, è che molte volte le giustificazioni sono evidenti e comprensibili solo per lui. Allo stesso modo, però, House non si può accontentare di mere giustificazioni soggettive, poiché in tal caso – essendo appunto accessibili a lui solo – sarebbero efficaci tanto quanto rispondere «Perché mi fa male la gamba». È questo il motivo – oltre all'immancabile desiderio di mostrarsi a tutti come il più bravo e il più geniale, come uno «così figo»[16] – che lo spinge a cercare di condividere con la propria *équipe* le evidenze che lo hanno spinto a formulare una certa diagnosi. E così lo vediamo intento a

[16] In risposta a Cuddy che in *Padri e figli* (II.5) lo accusa di non avere alcuna prova per le sue affermazioni, House afferma: «Perciò sarò così figo quando verrà fuori che ho ragione».

mostrare ai colleghi il filmato di un intestino in movimento, una lastra o il risultato di una risonanza magnetica, oppure lo seguiamo mentre li conduce tutti nel bagno dell'ospedale ad ascoltare la registrazione del battito del cuore di una bambina (perché lì l'acustica è migliore!), chiedendo qualcosa del tipo: «Chi è il primo che mi dice cosa c'è che non va?» L'idea di fondo – che è poi quella che lo ha portato fino al punto di creare artificialmente un sintomo che non c'era – è che una giustificazione, per essere tale, non può limitarsi a essere soggettiva (nel nostro caso comprensibile ed evidente solo per House), ma deve poter essere oggettiva o quanto meno accessibile a un livello intersoggettivo. In altre parole, più persone devono riconoscerla come una prova, come una risposta plausibile alla domanda «Come sai che le cose stanno proprio così?»

Ricordiamo che la necessità della giustificazione sta nel fatto che, in sua assenza, la diagnosi corrisponderebbe più difficilmente alla malattia, oppure potrebbe corrispondervi a causa di un puro caso o di uno stupefacente colpo di fortuna; a ogni modo, non si avrebbe genuina conoscenza. House è perfettamente consapevole dell'importanza di una giustificazione che sia oggettiva (o, per lo meno, intersoggettiva) e lo mostra sia contro i suoi sottoposti sia contro se stesso. All'inizio di *Un candidato a rischio* (I.17), Chase propone quasi subito la diagnosi che alla fine si rivelerà corretta, ma in quel momento viene immediatamente zittito. Quando poi i fatti mostrano senza alcun dubbio che aveva ragione, il giovane medico tenta di farlo presente a tutti, ma House lo fa di nuovo tacere in malo modo.

> CHASE: La CVID? È un tipo di carenza di immunoglobulina. L'avevo detto!
> HOUSE: Sì, ma quando l'hai detto tu era un'idea stupida. Poi c'è stato il problema respiratorio e il risultato positivo all'Epstein-Barr. (I.17)[17]

House mette qui perfettamente in evidenza la necessità della giustificazione. Chase, quando ha formulato la sua diagnosi, sapeva che si trattava di un tipo di carenza di immunoglobulina? La risposta a questa domanda deve essere negativa, perché nonostante Chase *credesse* che si trattava di un tipo di carenza di immunoglobulina e ciò fosse perfettamente *vero*, egli non disponeva di alcuna giustificazione. Mancavano

[17] CVID è l'acronimo di «immunodeficienza variabile comune»; l'Epstein-Barr è un tipo di virus.

insomma le evidenze appropriate (risultati positivi ai test e una sintomatologia compatibile) che escludessero la possibilità che si trattasse di una mera coincidenza o di un caso particolarmente fortunato. Anche Foreman si ritrova nella stessa situazione di Chase all'inizio di *Pazzi d'amore* (III.5), in cui House lo apostrofa dicendo: «*In quel momento* era una cosa stupida, *adesso* è intelligente» (intendendo sempre che in quel momento non c'erano giustificazioni adeguate, adesso invece sì).

Nel primo episodio della terza serie, *Il significato* (III.1), House si ritrova a dover curare un paziente condannato ormai da molti anni su una sedia a rotelle in uno stato quasi del tutto vegetativo. L'uomo è caduto (o forse si è gettato?) nella piscina di casa. House intuisce che c'è qualcosa di strano e che forse la situazione del paziente non è disperata come potrebbe sembrare. Dopo una serie di esami e terapie che non portano ad alcun risultato, House decide di concedersi una pausa e va a fare una corsa notturna. Mentre, accaldato, si bagna in una fontana, gli viene un'incredibile intuizione: il paziente soffre di una disfunzione all'ipotalamo, si è buttato in piscina perché il suo corpo non era più in grado di controllare la temperatura e cercava così un modo per abbassarla. Ma c'è di più, perché questa malattia è anche curabile e il paziente potrebbe tornare a parlare e a camminare. Fiero di aver trovato la soluzione, House corre in piena notte a casa di Cuddy per comunicarle la diagnosi e farsi autorizzare la cura. Ma è giustificato a sostenere questa teoria?

Dopo aver ascoltato le spiegazioni infervorate di un fradicio House, Cuddy si rifiuta di dargli ragione, poiché non esiste la benché minima prova a supporto di una diagnosi talmente assurda. Benché deluso e rammaricato, alla fine anche lo stesso House deve accettare la conclusione di Cuddy, ammettendo di non essere affatto giustificato, almeno da un punto di vista medico e oggettivo, nel formulare la propria diagnosi. Quando il giorno dopo Wilson lo va a trovare, assistiamo al seguente scambio di battute:

> WILSON: Il tuo paziente se ne sta andando via. Avrei giurato che lo stessi rincorrendo con la tua moto giù nella hall per infilzarlo nel collo con un'iniezione di cortisolo.
> HOUSE: [Cuddy] aveva ragione a dirmi di no. Non ho alcuna giustificazione oggettiva per pensare di aver ragione. Avevo solo bisogno di risolvere il puzzle. (III.1)

Poco dopo si scoprirà tuttavia che House – come sempre – aveva ragione: Cuddy fa l'iniezione di cortisolo e il paziente riesce miracolosamente ad alzarsi dalla sedia a rotelle. Lei vorrebbe subito correre da House per dirgli che la sua diagnosi era giusta e il paziente guarito, ma Wilson la ferma.

> WILSON: No. Cuddy, non puoi dirglielo!
> CUDDY: Devo dirglielo. Aveva ragione!
> WILSON: Perché l'hai fatto? Perché hai pensato che poteva aver ragione?
> CUDDY: Perché è House?
> WILSON: Da un punto di vista medico, che cosa ti ha fatto credere che aveva ragione?
> CUDDY: Niente.
> WILSON: Ha avuto fortuna, questo è tutto quello che è accaduto. Dirglielo non sarebbe una buona idea, perché la prossima volta non sarà così fortunato e ucciderà qualcuno. Solo perché aveva ragione, non significa che non avesse torto. (III.1)

Wilson – correttamente – non è disposto ad ammettere che House *sapeva* quale malattia avesse il suo paziente perché, nonostante la diagnosi fosse corretta, egli non disponeva di alcuna giustificazione oggettivamente valida. A prescindere dal modo in cui è stata formulata la diagnosi (che abbiamo visto non essere del tutto determinante ai fini della giustificazione), House non è stato in grado di mostrare delle ragioni oggettive (valide da un punto di vista medico) a favore della propria tesi. Si capisce perfettamente in che senso Wilson possa affermare che House aveva ragione (la sua ipotesi era vera) e, al contempo, torto (l'ipotesi non era giustificata da nessuna prova oggettiva). Per ciò che riguarda la conoscenza, in effetti, House *non* sapeva che malattia avesse il paziente.

Da quest'ultimo dialogo emerge un nuovo aspetto interessante. Se ci chiediamo perché gli altri medici siano spesso disposti a credere che House abbia ragione anche quando non ci sono giustificazioni oggettive a favore delle sue diagnosi, il più delle volte assistiamo a risposte come queste:

> CHASE: House fa spesso diagnosi azzardate e sono quasi sempre giuste. (*Disintossicarsi* I.11).
> CAMERON: Questo è House. Lui sa le cose. (*Sotterfugi* I.14)
> CUDDY: Perché è House! (*Il significato* III.1)

Paradossalmente, ciò che può contare come unica giustificazione oggettiva per una diagnosi è il fatto che sia proprio House a sostenere tale diagnosi! Questo sembrerebbe un caso di fallacia d'autorità: per giustificare una certa proposizione, cioè, ci si basa esclusivamente sul fatto che chi la sostiene ha una certa autorità ed è un esperto nel campo. Ciò, purtroppo, non è sempre vero; quindi una giustificazione ottenuta in un modo simile, in generale, non può essere considerata una buona giustificazione. D'altra parte, nel caso specifico di House, l'eccezionalità del personaggio sembra quasi poter escludere la fallacia stessa.

Mistero svelato

La risposta alla domanda con cui abbiamo cominciato questo intervento – House sa/conosce ciò che gli altri non sanno/non conoscono? – dovrebbe essere ormai più chiara al lettore. Ricordiamo che possiamo affermare che si ha genuina conoscenza quando la diagnosi corrisponde alla malattia (condizione della verità) e quando tale corrispondenza non è stata semplicemente il frutto di una mera coincidenza o di un colpo di fortuna, ma è dovuta al fatto che ci fossero davvero delle ragioni oggettive a sostegno della diagnosi (condizione della giustificazione).

Per come sono strutturati gli episodi, nella grande maggioranza dei casi House all'inizio *non* sa mai quale malattia abbia il suo paziente: o dispone di teorie giustificate in rapporto all'evidenza del momento, ma che presto si riveleranno false, oppure, anche quando abbia l'intuizione giusta circa la malattia, non dispone ancora di giustificazioni adeguate e intersoggettivamente condivisibili. Nel primo caso si ha una credenza giustificata, ma non vera; nel secondo si ha una credenza vera, ma non giustificata. In entrambe le situazioni, comunque, House non dispone di alcuna conoscenza. D'altra parte, però, non facciamo fatica a riconoscere che questa situazione è solo transitoria. C'è di più, perché House è quasi sempre il primo sia a intuire quale potrebbe essere la diagnosi esatta (quella vera), sia a trovare e mostrare alla propria *équipe* le giustificazioni per quella diagnosi. Cameron, Chase, Foreman, Cuddy e Wilson non possono che restare a bocca aperta e concordare tutti nell'ammettere che House davvero *sa* ciò che loro non sanno.

4. La logica di House
di *Blitris4*

> La spiegazione più semplice è quasi sempre che qualcuno si è sbagliato.
>
> GREGORY HOUSE

Tutte le certezze del dottor House, tranne l'ultima, quella che di solito risolve il caso, hanno un carattere provvisorio: vengono criticate, discusse, rimpiazzate da altre. È la struttura narrativa degli episodi; le affermazioni che sembravano certe si rivedono, spesso si sbaglia, a volte si recuperano ipotesi scartate precedentemente. La diagnostica, come ci dice Cameron, «è più un'arte che una scienza» e deve sempre fare i conti con la possibilità dell'errore. Chiediamoci quali sono le tecniche logiche che House adopera per districarsi tra pazienti che mentono, malattie che mentono, sintomi inspiegabili, ipotesi che non reggono, nel modo più efficace possibile, seguendo cioè tutti i canoni della razionalità fin dove questi possono portare, senza temere, qualora essi non dovessero bastare, di inventarsene di nuovi. Perché House ci sembra infallibile? E perché riesce sempre a sorprenderci?

Per dare una risposta di carattere logico a queste due domande, ci faremo guidare dal filosofo e logico americano Charles Sanders Peirce, per cui la logica comprendeva, oltre alla parte deduttiva, le cui conclusioni sono necessarie e quindi certe, anche il ragionamento noto come abduzione che, pur essendo fallibile, costituisce l'aspetto più creativo e sorprendente del ragionamento.

Deduzioni

Prima di affrontare i ragionamenti di House, occorre introdurre alcune nozioni di logica che ci consentiranno di stabilire a quali condizioni un ragionamento è corretto.[1]

[1] Daremo qui una descrizione più che altro operativa delle nozioni logiche, che servirà a valutare i ragionamenti di House; per il lettore interessato ad approfondire, consigliamo i seguenti manuali introduttivi di logica: A. Varzi, J. Nolt, D. Rohatyn, *Logica*, Milano, McGraw-Hill Italia, 2004 e D. Palladino, *Corso di logica. Introduzione elementare al calcolo dei predicati*, Roma, Carocci, 2003. È inoltre possibile accedere a numerose risorse di logica su Internet, consigliamo come punto di partenza il sito dell'associazione italiana di logica e sue applicazioni (AILA): http://www.unicam.it/matinf/aila/index.htm.

Uno dei concetti fondamentali in logica è quello di *inferenza* cioè, in generale, un procedimento attraverso il quale da certe premesse si ottiene una conclusione; le inferenze si rappresentano mediante scritture del tipo:

$$\frac{\text{Premessa 1, Premessa 2, ..., Premessa } n}{\text{Conclusione}}$$

La linea orizzontale serve a separare le varie premesse (che possono essere una, due o un qualunque numero naturale n) dalla conclusione; premesse e conclusione sono tutti enunciati, ad esempio « House è un medico », « oggi piove », « non tutti i medici sono malvagi », quelle che in grammatica si chiamano proposizioni.

Un'inferenza si legge nel modo seguente: « supponiamo che valgano tutte le premesse in gioco, quindi (dunque, allora) vale la conclusione ».

La domanda che si fanno i logici è la seguente: quando possiamo essere sicuri che se affermiamo certe premesse, allora possiamo affermare una certa conclusione?

Immaginiamo che House mandi Chase a fare due esami clinici, assumiamo cioè la premessa: « Chase fa l'emocromo e Chase fa l'ecografia ». Possiamo inferire la proposizione « Chase fa l'emocromo»? Se accettiamo la premessa, cioè che Chase abbia fatto i due esami, allora dobbiamo accettare che abbia fatto anche uno dei due; altrimenti, se ritenessimo falso che Chase ha fatto l'emocromo, allora non potremmo più asserire che ha fatto l'emocromo *e* l'ecografia.

Quindi, l'inferenza appena vista sembra corretta: se accettiamo la premessa dobbiamo accettare la conclusione, perché, come abbiamo visto, non è possibile rifiutarla. Inoltre la ragione della sua correttezza dipende esclusivamente dalla congiunzione «e»; cosa succede se sostituiamo «e» con una disgiunzione «oppure»? Possiamo lo stesso essere certi che, se Chase ha fatto l'emocromo *oppure* l'ecografia, allora ha fatto proprio l'emocromo? Evidentemente, non possiamo esserne certi, perché potrebbe aver fatto l'altro esame.

Di fatto, la logica non si occupa degli esempi particolari, piuttosto intende individuare quali sono gli *schemi* di ragionamento corretti, cioè quelle inferenze di cui ci possiamo sempre fidare, in ogni caso, sia che parliamo di malattie, di filosofia, di progetti per il weekend o di teoremi di geometria.

Per individuare gli schemi corretti, occorre prescindere dai contenuti specifici delle proposizioni coinvolte, e per farlo il trucco è quello di sostituire le proposizioni coinvolte nei ragionamenti con delle lettere schematiche, che non significano nulla e ci garantiscono che stiamo prescindendo da contenuti particolari. In questo senso la logica è *formale*: si occupa della forma delle proposizioni e non dei loro contenuti specifici.

Ma perché possiamo esser sicuri che l'inferenza che abbiamo visto è corretta? Occorre definire in generale cosa sia un'inferenza corretta. Intuitivamente, un'inferenza è corretta se la verità si trasmette dalle premesse alla conclusione. È importante precisare che qui non ci occupiamo di stabilire quando un enunciato sia vero o falso, o quali ragioni abbiamo per ritenere un enunciato vero oppure falso. Il problema di stabilire che rapporto c'è tra noi e la verità di un enunciato riguarda più propriamente l'epistemologia (→ LE RAGIONI DI HOUSE).

Nella seguente definizione è contenuto quasi tutto quello che occorre capire per valutare la correttezza logica dei ragionamenti.

> *Definizione*: Un'inferenza è *corretta* quando non può darsi il caso che le premesse siano vere e la conclusione falsa.

Valutiamo quindi la correttezza dell'inferenza vista. Prima sostituiamo le proposizioni con le lettere schematiche: « Chase ha fatto l'emocromo» con la lettera *A* e «Chase ha fatto l'ecografia» con la lettera *B*; la congiunzione sarà quindi «*A* e *B*», e l'inferenza di prima si rappresenta così:

$$\frac{A \text{ e } B}{A}$$

Per provare che è corretta, usando la definizione appena data, dobbiamo provare che è impossibile che la premessa sia vera e la conclusione falsa.

Mettiamoci proprio nella situazione che vogliamo escludere: «*A* e *B*» è vera e «*A*» è falsa. Cosa ne consegue? Se «*A* e *B*» è vera, allora devono essere vere sia *A* che *B*, ma *A* si è appena assunta falsa, quindi che succede? Otteniamo quello che in logica si chiama *contraddizione*: *A* è vera e *A* è falsa. Siccome non può essere che una proposizione sia contemporaneamente vera e falsa, la situazione dalla quale siamo partiti può essere esclusa, dato che ci porta a un caso contraddittorio, cioè che non può accadere, come «ho preso il treno e non ho preso il treno».[2]

[2] Poiché in logica ogni affermazione deve essere giustificata, il fatto che un enunciato non possa essere vero e falso contemporaneamente è garantito dal *principio di*

L'inferenza vista è dunque corretta perché, come scritto nella definizione che abbiamo dato, *non può darsi il caso che le premesse siano vere e la conclusione falsa.*

La *deduzione*, in senso tecnico, è proprio quel tipo di ragionamento che opera mediante inferenze corrette; il ragionamento deduttivo è certo, nel senso che la conclusione segue necessariamente dalle premesse, ma non è informativo, non aggiunge nessuna nuova informazione a quella che già era implicita nelle premesse: nessuno si sognerebbe di vantarsi di aver scoperto che, se si sono fatti due esami clinici, allora si è fatto anche uno dei due.

Se la deduzione non è informativa, a cosa serve? La deduzione ha un ruolo duplice. In primo luogo, serve a giustificare le nostre affermazioni: se si riesce a dedurre da certe premesse la conclusione che vogliamo supportare, allora possiamo *giustificare* la nostra tesi in base ad altre proposizioni, che supponiamo affidabili. Inoltre, la deduzione serve a verificare in

non contraddizione. L'analisi logica dei ragionamenti adotta quindi dei princìpi come ipotesi metodologiche: una qualunque proposizione dovrà essere o vera o falsa (*principio di bivalenza*) e non entrambe le cose (*principio di non contraddizione*).

che modo l'informazione che abbiamo a disposizione sia interconnessa: le nostre affermazioni non sono isolate, sono dipendenti e intrattengono relazioni logiche come «il paziente presenta un sintomo *e* un altro sintomo», «*se* un paziente presenta un certo sintomo, *allora* ha contratto una certa malattia».

In sostanza l'informazione è strutturata mediante quelli che si dicono *connettivi logici*, espressioni come «non», «e», «o», «se..., allora...», espressioni che, oltre ad avere un ruolo grammaticale, hanno anche un ruolo logico: i connettivi operano sul valore di verità delle proposizioni cui si applicano. Per esempio, il «non» opera invertendo il valore di verità della proposizione che nega; la congiunzione opera nel modo che abbiamo visto, cioè una congiunzione è vera quando entrambe le proposizioni che connette sono vere; una disgiunzione è vera se almeno una delle due proposizioni che connette è vera.

Per evitare confusione tra i connettivi logici e le corrispondenti espressioni del linguaggio,[3]

[3] La logica ha un suo linguaggio tecnico che consente di evitare confusioni tra l'uso comune delle espressioni, che può essere ambiguo, e il loro uso logico: per esempio, nel linguaggio naturale ci sono diversi modi per esprimere una congiunzione: «*A* e *B*», «*A* ma *B*», «*A* benché *B*»; in logica si rappresentano tutti mediante

e nello stesso tempo evitare di introdurre tutta la simbologia della logica, useremo il corsivo, quando vorremo sottolineare l'uso logico; per esempio scriveremo «*A e B*», «*A oppure B*».

Le deduzioni di House

Perché i ragionamenti di House ci convincono? In che modo suggeriscono un'impressione di esattezza? Vediamo come, oltre a essere un diagnosta eccezionale, House sia anche un ottimo logico. Consideriamo tre esempi tratti dagli episodi della serie.

1) In *Conflitto di competenze* (II.4), House e la sua squadra ipotizzano che il paziente abbia un tumore, dato che così si spiegherebbero tutti i sintomi del caso. Tuttavia, le circostanze fanno sì che, anche se l'ipotesi del tumore fosse corretta, il tumore non sarebbe rilevabile con gli strumenti a disposizione. House allora chiede

un simbolo speciale per la congiunzione «∧» (leggi «e»), il cui significato è quello che abbiamo visto: «∧» è un'operazione che connette le proposizioni in modo tale che la proposizione composta è vera se e solo se entrambe le proposizioni che connette sono vere. Un analogo discorso vale per la disgiunzione «o», «oppure».

alla sua squadra: «come provi l'esistenza di qualcosa che non vedi?», la risposta che dà Foreman è «dai suoi effetti». Da un punto di vista esclusivamente deduttivo, si sta assumendo tra le premesse l'ipotesi «se si verifica un certo effetto, allora c'è un tumore». Se si riesce poi a verificare che tale effetto sussiste, si può allora concludere che il tumore c'è. Mettendo gli enunciati coinvolti nello schema dell'inferenza, abbiamo:

$$\frac{\text{Si verifica un certo effetto} \qquad \textit{Se} \text{ si verifica quell'effetto, } \textit{allora} \text{ c'è un tumore}}{\text{C'è un tumore}}$$

Sostituendo le proposizioni coinvolte con lettere schematiche, otteniamo la famosa regola:

$$\frac{A \qquad \text{se } A\text{, allora } B}{B}$$

nota come *modus ponens* (abbreviazione per *modus ponendo ponens*, cioè regola che pone una conclusione *B* ponendo una premessa *A*, grazie alla correlazione espressa dal condizionale).

Cerchiamo di vedere se il *modus ponens* è uno schema affidabile, cioè, come abbiamo detto, se la verità delle premesse garantisce la verità della conclusione.

Per farlo, però, occorre prima capire come

funziona logicamente il condizionale «*se*..., *allora*...» Per capire come funziona un connettivo è necessario chiedersi a quali condizioni la proposizione composta è vera o falsa, cioè vedere come il connettivo opera sulle proposizioni che connette. Chiediamoci quando «*se A*, *allora B*» è vero e quando è falso. Intuitivamente, «*se A*, *allora B*» è vero quando la verità di *A* si trasmette a *B*, ossia quando vale che, se è vera *A*, allora deve essere vera anche *B*; per esempio tutti siamo disposti ad accettare «*se* House lavora a Princeton, *allora* lavora in America».

Se la verità non si trasmette da *A* a *B*, allora il condizionale va considerato falso, ad esempio, «*se* House è un medico, *allora* è un ingegnere» è falso, House è un medico *ma* non è un ingegnere: l'informazione non si trasmette adeguatamente dall'antecedente (*A*) al conseguente (*B*) del condizionale, cioè dal vero qui si va a finire nel falso.

Il simbolo che comunemente si usa per il condizionale è la freccia «→»; «*se A*, *allora B*» si rappresenta mediante la formula «*A* → *B*» (leggi anche «*A* implica *B*») che, volendo, suggerisce la direzione del passaggio dell'informazione. D'ora in poi possiamo usare la freccia «→» al posto di «*se*..., *allora*...» per esprimere un condizionale. Possiamo quindi definire il comportamento del condizionale in questo modo:

Definizione: $A \to B$ è vero, quando non si dà il caso che dal vero si vada nel falso, ossia, non si dà il caso che *A* sia vera e *B* sia falsa.

L'unico caso che falsifica un condizionale è quindi quello in cui *A* è vera e *B* è falsa. Negli altri casi, cosa succede? Per esempio, se *A* è falsa e *B* è vera, come si considera il condizionale? Il condizionale «*se* House è violinista, *allora* House è medico» viene ritenuto vero dai logici, intuitivamente, perché l'informazione non viene bloccata passando dall'antecedente al conseguente; semplicemente, non doveva nemmeno passare per l'antecedente, dato che è falso.[4]

La definizione di condizionale consente di introdurre un po' di terminologia comune nel linguaggio scientifico e filosofico.

Assumiamo che sia vero un condizionale

[4] Non possiamo qui affrontare le motivazioni di questa definizione forse poco intuitiva; speriamo che il lettore si senta abbastanza incuriosito da approfondire autonomamente: rimandiamo quindi ai manuali citati.

$A \rightarrow B$, si dice che A è *condizione sufficiente* per B, perché *basta* (è sufficiente) la verità di A per avere garantita la verità di B; inoltre B è *condizione necessaria* per A, perché è necessario che B sia vera affinché sia vera A, ossia non può darsi il caso che A sia vera senza che lo sia anche B (sempre per la definizione di condizionale data). Viceversa, affermare che A è condizione sufficiente per B, oppure affermare che B è condizione necessaria per A, significa sempre affermare che è vero il condizionale $A \rightarrow B$.

Se valgono entrambi i condizionali, cioè $A \rightarrow B$ e $B \rightarrow A$, si può usare un nuovo simbolo $A \leftrightarrow B$, detto *bi-condizionale* (si legge «A se e solo se B»)[5] che indica che l'informazione passa in entrambi i versi. Quando un bicondizionale $A \leftrightarrow B$ è vero, si ha che A è condizione necessaria e sufficiente per B e, viceversa, B lo è per A. In questi casi, le due proposizioni A e B sono strettamente legate; un esempio di questa relazione è dato dalle definizioni: «un condi-

[5] «A se e solo se B» è una dicitura compatta per esprimere che vale sia «*A se B*» (che è come «*se B, allora A*» e che indica che B è sufficiente per A), cioè $B \rightarrow A$, sia «*A solo se B*» (che indica che B è necessario per A) $A \rightarrow B$: mettendo insieme il «se» e il «solo se», si ottiene «se e solo se».

zionale è vero *se e solo se* non si dà il caso che dal vero si va nel falso» oppure «un uomo è scapolo *se e solo se* non è sposato».

Ora che abbiamo visto la definizione di condizionale, possiamo tornare alla giustificazione della regola *modus ponens*.

Dobbiamo dimostrare che tale regola è corretta, ovvero dobbiamo dimostrare che non può succedere che le premesse siano vere e la conclusione falsa.

Il *modus ponens*, utilizzando il simbolo che abbiamo introdotto, si rappresenta:

$$\frac{A \qquad A \to B}{B}$$

Per dimostrare che la regola è corretta, mettiamoci proprio nella situazione che occorre escludere: assumiamo vere le premesse, A e $A \to B$, e falsa la conclusione B. Sia quindi A vera; dato che il condizionale $A \to B$ è vero, come ormai sappiamo, «dal vero si va nel vero», quindi, poiché A è vera, anche B dovrà essere vera; ma abbiamo assunto che B è falsa, quindi abbiamo una contraddizione: B è vera ed è falsa. Dunque, possiamo escludere la situazione da cui siamo partiti, perché se assumiamo le premesse vere e la conclusione falsa, ci contraddiciamo. Questo basta a provare che la regola è corretta.[6]

Intuitivamente, l'ipotesi *A* ci dice che possiamo partire da *A*, l'ipotesi condizionale ci dice che da *A* possiamo andare a *B*, e la conclusione ci dice che, seguendo la freccia, possiamo arrivare a *B*.

In definitiva, poiché il *modus ponens* è corretto, House può applicarlo per giustificare l'affermazione «c'è un tumore» tratta dall'esempio da cui siamo partiti: se qualcuno gli chiedesse «perché c'è un tumore?», House potrebbe rispondere menzionando le premesse, cioè «perché si verifica un certo effetto e *se* si verifica quell'effetto, *allora* c'è un tumore».

Osserviamo che il *modus ponens* va ben distinto da quella che viene detta *fallacia dell'affermazione del conseguente*. Una fallacia è in generale un modo di ragionare scorretto, cioè un argomento che non garantisce che la verità si trasferisca adeguatamente dalle premesse alla conclusione. Tale fallacia ha questa forma:

[6] Che la regola sia corretta dipende naturalmente dalla definizione che abbiamo dato di condizionale; d'altra parte la definizione di condizionale può essere anche motivata dal fatto che si vuole che certe regole, come il *modus ponens*, siano corrette.

$$\frac{A \rightarrow B \quad B}{A}$$

Proviamo a verificare che è scorretta. Assumiamo sempre che le premesse siano vere e la conclusione falsa: $A \rightarrow B$ è vera, B è vera e A è falsa. Riusciamo a ottenere una contraddizione? Dato che l'unico caso che falsifica un condizionale è quello in cui l'antecedente è vero e il conseguente è falso, in tutti gli altri casi il condizionale sarà vero, in particolare nel caso in questione, con (l'antecedente) A falso e (il conseguente) B vero. Abbiamo quindi trovato un controesempio, cioè un'assegnazione di valori di verità alle proposizioni semplici coinvolte (A e B), che mostra che le premesse possono essere vere e la conclusione falsa; perciò la regola è scorretta.

Intuitivamente, nella fallacia, stiamo sbagliando direzione, ossia la freccia ci dice che possiamo andare da A in B ($A \rightarrow B$) e noi qui partiamo da B e cerchiamo di andare, contromano, da B in A, ma non sappiamo se è lecito.

Una regola scorretta non è affidabile, perché non possiamo essere sicuri della conclusione, quando siamo sicuri delle premesse.

2) Nell'episodio *Mr. Jekyll e Dr. House* (II.24), House chiede alla sua squadra: «se una cosa

non ha senso, cosa significa? » e aggiunge che la domanda non è retorica. Vedremo che la domanda di House è di natura logica. Foreman gli risponde che se una cosa non ha senso, significa che ci sbagliamo; House quindi precisa che « *una* delle nostre ipotesi è sbagliata ».

Dire che qualcosa non ha senso, in logica, significa dire che è contraddittorio. Parlando di diagnosi, affermare che qualcosa non ha senso significa che, se le nostre ipotesi relative alla malattia valessero, allora otterremmo una contraddizione. Per esempio, supponiamo che una nostra ipotesi *I* comporti la contraddizione « il paziente ha l'influenza e il paziente non ha l'influenza », cosa dobbiamo concludere? Se valesse la nostra ipotesi *I*, allora non sapremmo più cosa fare, perché il paziente ha e non ha l'influenza; per che cosa lo curiamo?

Cosa ce ne facciamo quindi di una tale ipotesi? Occorre rifiutarla, proprio perché ci porta a una contraddizione che è, usando una metafora, un vicolo cieco del ragionamento. Occorre allora fare marcia indietro, ossia refutare l'ipotesi da cui eravamo partiti.

Possiamo rappresentare la situazione in cui un'ipotesi *I* comporta una contraddizione, mediante la formula « $I \rightarrow (A \text{ e non } A)$ » (in cui abbiamo usato le parentesi per indicare che il conseguente del condizionale è la contraddizione «*A e non A*»), che significa appunto, intuitivamente, «*se* vale *I*, *allora* ci contraddiciamo». La regola che esprime formalmente quello che prima abbiamo indicato usando la metafora del vicolo cieco (la contraddizione) e della retromarcia è quindi la seguente:

$$\frac{I \rightarrow (A \text{ e non } A)}{\text{non } I}$$

Se una nostra affermazione comporta una contraddizione, allora possiamo negarla e continuare a ragionare. Vediamo come funziona la regola, quando la premessa contiene più ipotesi. Se *I* e *J* sono le nostre ipotesi, dire che qualcosa non ha senso significa dire «*se* valgono *I* e *J*, *allora* ci contraddiciamo».

Cosa segue logicamente da questa proposizione? Quale informazione possiamo trarre senza alcun dubbio? Assumere che valgano le ipotesi *I* e *J* è come dire che valgono tutte e due assieme, cioè che vale l'enunciato «*I e J*»; il lettore perdonerà la pedanteria della logica, ma ci tornerà utile. Quindi, è come dire «*se I e J*, *allora* ci contraddiciamo». Usando i simboli che abbiamo introdotto, possiamo usare la formula: $(I \text{ e } J) \rightarrow (A \text{ e non } A)$, in cui usiamo le parentesi per agevolare la lettura (l'antecedente qui è «*I e J*» e il conseguente è sempre «*A e non A*»).

A questo punto possiamo applicare la regola appena vista; ne segue quindi che possiamo negare l'ipotesi da cui siamo partiti, cioè possiamo negare l'enunciato «*I e J*».

Come si nega un enunciato composto mediante una congiunzione? Sappiamo che non è vero che «House è medico *e* House è violinista», perché non è vero che è violinista. Quindi, negare una congiunzione significa affermare che *almeno uno* dei congiunti è falso, eventualmente entrambi come nel caso «House è ingegnere *e* House è violinista».

La negazione di un enunciato composto mediante la congiunzione è sancita dalla seguente legge logica, detta *legge di De Morgan*: «*non* (*A e B*) se e solo se *non A oppure non B*», che indica appunto che negare «*A e B*» significa negare *A oppure* negare *B* (o entrambe).

Tornando al caso delle nostre ipotesi inconcludenti, se «*I e J*» comporta una contraddizione, allora dobbiamo negare «*I e J*», che, per quanto abbiamo appena visto, significa che dobbiamo refutare almeno una delle ipotesi in gioco. Possiamo quindi scrivere:

$$\frac{(I \text{ e } J) \rightarrow (A \text{ e non } A)}{\text{non } I \text{ oppure non } J}$$

Affermare che è vero «*non I oppure non J*», per come è definita la disgiunzione «*oppure*», significa affermare che almeno una delle proposizioni che figurano nella disgiunzione è vera, il che significa, poiché sono negate, che almeno una è falsa, eventualmente entrambe.

In definitiva, il dottor House, con la pedanteria della logica, giustamente puntualizza che *almeno* una delle nostre ipotesi è sbagliata.

3) Nell'episodio *Impossibilità di comunicare* (II.10), House è all'aeroporto di Baltimora e sta aspettando l'aereo con la sua ex compagna Stacy. House osserva che Stacy non indossa più il crocifisso di sua madre, s'incuriosisce, e vuole a tutti i costi capire perché. House propone quindi il seguente ragionamento, in cui abbiamo numerato le proposizioni:

> (1) O l'hai lasciato a casa volontariamente, oppure per sbaglio. (2) L'unico motivo per cui l'avresti fatto volontariamente è che non te ne frega più nulla. (3) Però, dato che è un regalo della tua mamma, dovresti aver litigato con lei. (4) Ma litigare con un fantasma... è difficile. (II.10)

Dalle premesse (1), (2), (3) e (4) House conclude che il crocifisso è stato lasciato per sbaglio. La struttura del ragionamento di House procede in questo modo: le cose possono stare o in un modo o nell'altro, si ragiona quindi per provare che uno dei due casi non vale, e si può quindi inferire che valga l'altro. Ragionamenti di questo tipo sono noti in logica come *dilemmi*. Cerchiamo di giustificare il ragionamento di House mostrando che si tratta di una sequenza di applicazioni di regole corrette.

Per prima cosa occorre ricavare la forma logica[7] delle proposizioni in gioco, ossia occorre esplicitarne il contenuto deduttivo.

La (1) indica che vale una delle due ipotesi, quindi il suo contenuto è « Stacy ha lasciato il crocifisso volontariamente *oppure* per sbaglio ».

[7] Il primo passo per applicare la logica ai ragionamenti è appunto quello di estrarre la forma logica delle proposizioni coinvolte. Ricavare la forma logica da un enunciato del linguaggio non è tuttavia una procedura immediata, né meccanica. È più che altro un esercizio di traduzione: si rappresenta il significato di una proposizione del linguaggio naturale mediante il linguaggio artificiale della logica che prescinde ad esempio dal modo in cui uno stesso contenuto può essere espresso, da differenze nel tono e nello stile.

La (2), « il solo motivo per cui l'avresti fatto volontariamente è che non te ne frega più nulla », richiede un po' di riflessione per comprendere come possa essere espressa mediante un condizionale. La ragione è che, in (2), il fatto che il crocifisso non significhi più nulla per Stacy, è *condizione necessaria* per lasciarlo volontariamente, dato che è « il solo motivo » per lasciarlo volontariamente; quindi, per quanto abbiamo visto sui condizionali, il contenuto di (2) è « *se* Stacy ha lasciato il crocifisso volontariamente, *allora* a Stacy non frega più nulla del crocifisso ».

Il contenuto deduttivo della frase (3) « dato che è un regalo della tua mamma, dovresti aver litigato con lei » può essere rappresentato da: « *se* a Stacy non frega più nulla del crocifisso *e* il crocifisso era un regalo della mamma, *allora* Stacy dovrebbe aver litigato con lei », in cui occorre aggiungere la premessa, implicita nelle parole di House, che il crocifisso fosse effettivamente un regalo della madre di Stacy; inoltre è implicito nella frase un antecedente « dato che era un regalo della mamma, [*se* a Stacy non frega più nulla del crocifisso, *allora*] dovrebbe aver litigato con lei », che esprime la ragione per cui Stacy dovrebbe aver litigato con la madre.

Il contenuto di (4) « litigare con un fantasma è difficile » è semplicemente che non può essere che Stacy abbia litigato con la madre, dato che è morta.

Le premesse del ragionamento possono essere quindi tradotte così:

(1) Stacy ha lasciato il crocifisso volontariamente *oppure* per sbaglio;
(2) *se* Stacy ha lasciato il crocifisso volontariamente, *allora* a Stacy non frega più nulla del crocifisso;
(3) *se* a Stacy non frega più nulla del crocifisso *e* il crocifisso era un regalo della mamma, *allora* Stacy dovrebbe aver litigato con la mamma;
(3') il crocifisso era un regalo della mamma;
(4) Stacy *non* ha litigato con la mamma.

La conclusione dell'inferenza è: « Stacy ha lasciato il crocifisso per sbaglio ».

Vediamo quindi, esercitando una certa dose di pazienza, la giustificazione del ragionamento.

Partiamo dall'ipotesi « Stacy ha lasciato il crocifisso volontariamente ». Se così è, da (2), per *modus ponens*, segue allora che del crocifisso « a Stacy non frega più nulla ».

Da « a Stacy non frega più nulla del crocifisso » e da (3') si ottiene, per come opera la congiunzione, che « a Stacy non frega più nulla del crocifisso *e* il crocifisso era un regalo della mamma ». Da quest'ultima e da (3) segue quindi, per *modus ponens*, che Stacy ha litigato con la madre. Ma « Stacy ha litigato con la mamma » e la premessa (4) sono in contraddizione, quindi, per la regola che abbiamo visto sulla negazione e le contraddizioni, dobbiamo negare l'ipotesi da cui siamo partiti. Eravamo partiti da « Stacy ha lasciato il crocifisso volontariamente », negandola, ora otteniamo che « Stacy *non* ha lasciato il crocifisso volontariamente ».

Ora, tra le ipotesi abbiamo (1) « Stacy ha lasciato il crocifisso volontariamente *oppure* per sbaglio », che indica che almeno una delle due deve valere; poiché abbiamo provato che *non* l'ha lasciato volontariamente, possiamo quindi concludere che deve valere l'altra, cioè che ha lasciato il crocifisso per sbaglio.[8]

Questa è appunto la conclusione dedotta da House, applicando, come abbiamo visto, regole corrette.

[8] Quest'ultimo passaggio, che dalle premesse *A oppure B* e *non A*, consente di dedurre *non B*, è anche detto *sillogismo disgiuntivo*.

Oltre le deduzioni

Chi ha familiarità con la *Settimana Enigmistica*, ricorderà il gioco del « bersaglio »: alcune parole sono disposte sui vari cerchi concentrici di un bersaglio, lo scopo del gioco è partire dalla prima parola e arrivare, associando una parola all'altra, fino alla parola che figura al centro del bersaglio. Per passare da una parola all'altra, occorre usare diverse regole, per esempio quelle classiche del bersaglio sono: 1) « una parola si ottiene dall'altra aggiungendo, togliendo o cambiando una lettera »; 2) « una parola è sinonimo dell'altra »; 3) « una parola è anagramma dell'altra »; 4) « le due parole ricorrono insieme in un proverbio, una similitudine, un nome di persona nota, un'associazione d'idee ».

Facciamo un esempio. La parola da cui partire è « Vicodin », l'antidolorifico preferito del dottor House, e bisogna arrivare a « House ». Le parole da mettere in relazione sono le seguenti: Vicodin, grog, conditi, banditi, Greg, condivi, canditi, pirati, House. Se usiamo le regole che abbiamo dato, non è difficile arrivare alla sequenza corretta. La sequenza che parte da 'Vicodin' e arriva fino al centro del bersaglio 'House' è la seguente: 1. Vicodin, 2. condivi, 3. conditi, 4. canditi, 5. banditi, 6. pirati,

7. grog, 8. Greg, 9. House. Possiamo giustificare la sequenza richiamandoci alle regole date, ad esempio 2. è associata a 1. perché 'condivi' è anagramma di 'Vicodin'; da 2. si va a 3. perché, cambiando una lettera a 'condivi', si ottiene 'conditi'; da 'banditi' a 'pirati' si passa per sinonimia e da 'pirati' a 'grog' si passa per associazione di idee, se ci ricordiamo che il grog è il liquore dei pirati.

Nel preambolo dell'episodio *Impossibilità di comunicare* (II.10), un giornalista al termine di un discorso tenuto ai suoi colleghi si sente male improvvisamente e crolla a terra.

Quando riprende conoscenza le frasi che pronuncia risultano incomprensibili. Il sintomo in questo caso, come spiega Foreman, è che il paziente sa cosa vuole dire ma quando cerca una parola, in realtà, ne trova un'altra. House è a Baltimora con Stacy e la diagnosi, questa volta, viene fatta per telefono.

Quando la situazione sembra arrivata a un vicolo cieco, House chiede alla sua squadra di riferirgli che cosa dice il paziente, sperando così di poter ottenere qualche ulteriore informazione; House allora puntualizza che:

> Un afasico usa le parole che ha memorizzato accanto a quelle che cerca, potrebbero essere

> archiviate per assonanza o per significato, cioè per dire 'tavolo' potrebbe dire 'cavolo' oppure 'sedia'. O potrebbe anche emettere fonemi senza senso, chi lo sa. (II.10)

La chiave della diagnosi è nelle frasi apparentemente sconnesse che il giornalista continua a pronunciare: « L'orso non si può fermare. Non sento più il cartello ». Come fa House a scoprirla?

Il procedimento di soluzione va ben oltre i limiti della sola deduzione ed è molto simile al gioco del bersaglio, con l'aggiunta di una difficoltà determinante: non sappiamo né tutte le parole in gioco né le regole alle quali ci possiamo riferire.

Il ragionamento che House mette in atto, per individuare quali siano le parole associate a quelle dell'afasico, ha a che fare con la deduzione solo per quanto riguarda la gestione delle informazioni in suo possesso, ossia per controllare le conseguenze delle ipotesi formulate.

La parola di partenza è « orso », ma dove dobbiamo arrivare? Su quali regole possiamo fare affidamento?

La struttura di questo tipo di situazioni, assai simile alle situazioni in cui spesso si vengono a trovare i detective, è ben caratterizzata dal concetto di *abduzione* introdotto dal filosofo americano Charles Sanders Peirce, di cui ora dobbiamo occuparci.

Abduzioni

Quando ci troviamo di fronte a un fatto inspiegato *B* e ci rendiamo conto che, se valesse una correlazione tra *B* e un certa ipotesi *A* che formuliamo, allora *B* sarebbe spiegato dalla nostra ipotesi, possiamo concludere che ci siano buone ragioni per considerare che l'ipotesi *A* sia vera. Questa in breve è la struttura dell'abduzione definita da Peirce,[9] ossia un ragionamento che « va dagli effetti alle cause » (2.636), introducendo un'ipotesi esplicativa. Volendo rappresentare un ragionamento abduttivo mediante la scrittura che abbiamo usato per le inferenze, possiamo scrivere:

$$\frac{\begin{array}{c} B \\ \textit{Se valesse } A\textit{, allora } B \end{array}}{A}$$

[9] C. Peirce, *Opere*, a cura di M.A. Bonfantini, Milano, Bompiani, 2003. La definizione di abduzione è nel paragrafo 5.189.

La leggiamo in questo modo: dato un certo fatto inspiegato *B*, se valesse la correlazione tra *A* e *B*, allora *B* sarebbe spiegato da *A*; possiamo dunque concludere che ci sono delle ragioni per sospettare che *A* sia vera.[10]

Osserviamo subito che, rappresentata come inferenza e interpretando la seconda premessa come un condizionale come quello di cui abbiamo parlato, l'abduzione può essere considerata un esempio della fallacia dell'affermazione del conseguente, ossia rappresenta un modo « scorretto » di ragionare.

Tuttavìa, se siamo consapevoli del fatto che l'inferenza abduttiva non è sicura, proprio perché tale inferenza non è deduttiva c'è speranza che possa produrre qualcosa di nuovo. L'informazione contenuta nella conclusione *A* non è già contenuta nelle premesse: possiamo assumere le premesse vere e la conclusione falsa senza contraddirci. Questo fatto suggerisce che, se da un lato il ragionamento abduttivo non è

10 Per evidenziare la differenza tra inferenza deduttiva e abduttiva, usiamo il congiuntivo nella formulazione della seconda premessa dell'abduzione; il congiuntivo inoltre suggerisce il carattere ipotetico e problematico della correlazione che si assume tra *A* e *B*, diversamente, ad esempio, dal *modus ponens* in cui la premessa condizionale $A \rightarrow B$ si assume come vera.

affidabile come quello deduttivo (ci sono casi in cui le premesse non avvalorano la conclusione) tuttavia consente di considerare ipotesi nuove. D'altra parte, per avere qualcosa di più, un po' bisognerà rischiare.

La conclusione *A* del procedimento abduttivo, che non segue deduttivamente dalle premesse, rappresenta la nuova informazione messa in gioco, che dovrà poi essere verificata mediante procedimenti induttivi (→ LE RAGIONI DI HOUSE) oppure, nella pratica medica, mediante test o terapie che potranno rivelarsi efficaci o meno.

Peirce vede nella struttura dell'abduzione il procedimento attraverso il quale si ottiene nuova informazione: « è l'unico tipo di argomento che genera una nuova idea » (2.97) ed è « il primo passo del ragionamento scientifico » (7.218). Inoltre, l'abduzione descrive bene la struttura del ragionamento peculiare che porta i detective come Sherlock Holmes[11] a risolvere i loro casi.

[11] Conan Doyle, che era un medico, per definire il metodo del suo detective si è ispirato al suo docente Joseph Bell. Un medico ha ispirato la figura di Sherlock Holmes e Sherlock Holmes ha ispirato la figura di House: i conti tornano. Non possiamo qui approfondire le molte analogie che sussistono tra Sherlock Holmes e il metodo di Peirce, per le quali rimandiamo ai saggi rac-

L'abduzione consente quindi di generare una nuova idea come spiegazione del fatto inspiegato con cui occorre confrontarsi. Il prezzo da pagare è che la nostra spiegazione può essere sbagliata.

Peirce, dopo aver definito l'abduzione, sviluppa i criteri per i quali una certa ipotesi introdotta nell'abduzione costituisce una *buona* ipotesi. I criteri, ad esempio, sono che l'ipotesi sia esplicativa (che spieghi il maggior numero di fatti possibile), che sia verificabile (cioè che si possa stabilire la sua attendibilità), e che sia economica, cioè che sia semplice da verificare o da falsificare. Per citare un esempio di House, all'inizio di *Padri e figli* (II.5), solo perché la madre di un paziente ha avuto un incidente mortale in auto, House ipotizza che il problema del paziente possa essere genetico. Effettivamente non ci sono molte ragioni che avvalorano un'ipotesi di questo tipo, essa tuttavia verrebbe giustificata da Peirce perché basta un test del DNA perché l'ipotesi venga verificata o falsificata. Anche un'ipotesi sbagliata può essere una buona ipotesi, se possiamo sbarazzarcene subito, senza doverla considerare in seguito.

colti in U. Eco, T.A. Seboek, *Il segno dei tre*, Milano, Bompiani, 2004.

Le abduzioni di House

Riprendiamo i tre ragionamenti deduttivi che abbiamo visto e cerchiamo di evidenziare come si sono ricavate le ipotesi rilevanti mediante procedimenti abduttivi. Cerchiamo inoltre di vedere che tipo di ipotesi si sono introdotte nei tre esempi.

1) Abbiamo visto che un'applicazione del *modus ponens* può servire a giustificare deduttivamente la presenza di un tumore dall'effetto che questo avrebbe sul paziente. Ma in quella particolare situazione, che cosa stavano facendo House e la sua squadra? Erano di fronte a un caso da risolvere, stavano cioè cercando di trovare un'*ipotesi* che spiegasse i sintomi del paziente.

Possiamo quindi descrivere il ragionamento prendendo in prestito i termini che Peirce usa per descrivere l'abduzione. House e la sua squadra si trovano di fronte a un certo fatto non spiegato: i sintomi del paziente. Se valesse l'ipotesi del tumore, allora i sintomi sarebbero spiegati. Quindi, si può introdurre l'ipotesi del tumore e verificarla. Usando lo schema dell'abduzione, abbiamo:

Un paziente presenta i sintomi *S*

Se il paziente avesse un tumore, *allora* presenterebbe i sintomi *S*

Il paziente ha un tumore

Tuttavia, in questo caso, come si prova l'ipotesi del tumore se non è stato rilevato dai test? Occorre un'altra abduzione, quella che spiega « come fai a provare l'esistenza di qualcosa che non vedi » (II.4). Si assume che il tumore in questione produca un certo effetto. Qui il fatto inspiegato è l'esistenza del tumore, perché non ci sono elementi per avvalorare l'ipotesi. Se si verificasse un certo effetto, allora ci sarebbe il tumore. Si conclude quindi che è ragionevole considerare l'ipotesi che quel certo effetto si verifichi:

Il paziente ha un tumore

Se si verificasse un certo effetto, *allora* il paziente avrebbe il tumore

---

Si verifica quell'effetto

Questa può essere considerata una ricostruzione formale del processo che porta House dal problema verso la sua soluzione: una doppia abduzione, la prima che serve a mettere in gioco l'ipotesi del tumore, la seconda che serve a mettere in gioco un'ipotesi per verificare l'ipotesi del tumore.

Le ipotesi qui introdotte riguardano leggi note, la correlazione tra la presenza di un tumore e il verificarsi di un certo effetto. House è andato quindi a cercare, tra le varie leggi preesistenti che la diagnostica mette a disposizione, quella che serviva per il caso in questione.

2) Consideriamo il secondo caso. Abbiamo visto «cosa significa che le nostre ipotesi non hanno senso». Se le ipotesi portano a una contraddizione, dobbiamo quindi negarne almeno una. Il problema è stabilire quale. L'inferenza deduttiva che avevamo presentato era:

$$\frac{(I \text{ e } J) \rightarrow (A \text{ e non } A)}{\textit{non } I \textit{ oppure non } J}$$

Siamo nella situazione in cui una o più tra *I* e *J* sono da rivedere. Occorre proporre delle ipotesi, e quindi praticare un ragionamento abduttivo. Supponiamo che sia *I* l'ipotesi sbagliata. Se fosse sbagliata *I*, allora varrebbe *non I*, il che implica che almeno una tra *I* e *J* è sbagliata. Abbiamo cioè, nello schema abduttivo:

$$\frac{\begin{array}{c}\textit{non } I \textit{ oppure non } J \\ \textit{se} \text{ valesse } \textit{non } I\textit{, allora} \text{ varrebbe } \textit{non } I \textit{ oppure non } J\end{array}}{\textit{non } I}$$

In questo modo si considera *I* e si va a vedere se è l'ipotesi problematica. Naturalmente potremmo sbagliarci, e arrivare a stabilire che non era *I* l'ipotesi da scartare.

In questo caso la correlazione cui si fa appello è affidabile, è un esempio di una legge logica, ossia, se vale *A* allora vale *A oppure B*; inoltre l'ipotesi che non valga *I* è stata ricavata mettendo in discussione le ipotesi che abbiamo immediatamente a disposizione.

3) Nel terzo caso, il ragionamento deduttivo ha giustificato la conclusione di House che il crocifisso di Stacy è stato lasciato a casa per sbaglio. Ma da dove è partito House? È partito dall'eccezione che lo disturba, dal fatto inspiegato «Stacy non ha il crocifisso» e si è chiesto perché. Si è chiesto quindi se Stacy l'avesse fatto apposta oppure no, cioè ha assunto tra le sue ipotesi la correlazione «se Stacy avesse lasciato il crocifisso a casa volontariamente oppure l'avesse fatto per sbaglio, allora avrei una spiegazione del perché non ha il crocifisso», abduttivamente ha quindi concluso che poteva considerare l'ipotesi «Stacy ha lasciato il crocifisso a casa volontariamente *oppure* l'ha fatto per sbaglio». L'inferenza è quindi:

Stacy non ha il crocifisso

Se Stacy l'avesse lasciato volontariamente *o* per sbaglio, *allora* non avrebbe il crocifisso

---

Stacy l'ha lasciato volontariamente *oppure* per sbaglio

Ragionando deduttivamente, House ha escluso il caso in cui Stacy intenzionalmente ha lasciato il crocifisso. Ha ricavato quindi un'ipotesi nuova: Stacy ha lasciato a casa il crocifisso per sbaglio. Questa nuova ipotesi implica un altro fatto non spiegato: perché Stacy non è andata a riprenderlo? Quindi, nuove abduzioni. Nell'episodio, il dialogo continua con House che spara ipotesi in continuazione finché Stacy non ammette di aver litigato col marito e che per questo non è tornata indietro a prendere il crocifisso. L'ammissione di Stacy costituisce infine la conferma delle ipotesi fatte da House che, fino a quel momento, potevano anche essere tutte sbagliate.

Abduzioni e colpi di scena

Le ipotesi introdotte nei tre casi precedenti hanno caratteristiche diverse: la prima è stata selezionata all'interno di un dato insieme di conoscenze; la seconda è la negazione di un'ipotesi che abbiamo formulato, ossia è ricavata mettendo in discussione le nostre assunzioni; la terza ipotesi parte da un'osservazione generale, il fatto che Stacy possa aver lasciato il crocifisso intenzionalmente oppure per sbaglio.

Il grado apparente di affidabilità di queste tre ipotesi è diverso, tuttavia l'introduzione di tali ipotesi non ci sorprende più di tanto, infatti nessuno degli esempi citati costituisce il colpo di scena dell'episodio in cui compare.

Cosa rende sorprendente l'ipotesi che di solito risolve i casi di House? Torniamo all'esempio che avevamo lasciato in sospeso: il paziente afasico che continua a ripetere che « l'orso non si può fermare » (II.10). Cosa può collegare questa frase con qualcosa di rilevante sul piano diagnostico? Cosa significa « orso » nel linguaggio indecifrabile del paziente? Se seguiamo l'esempio del gioco del bersaglio, occorre partire dalla parola « orso » e arrivare a una parola, che ancora non conosciamo, e che dovrebbe avere a che fare con la malattia del paziente.

Questa è una prima abduzione. Si introduce l'ipotesi che la frase « l'orso non si può fermare » abbia a che vedere con la diagnosi. Ciò che distingue questo esempio dai precedenti è che qui occorre inventare anche la correlazione, la regola che collega le parole. Quando House scopre la chiave dell'enigma, chiede alla sua squadra: « se una casa ha tutte le pareti rivolte a sud, di che colore è l'orso? » La risposta è « bianco », perché se una casa ha tutte le pareti rivolte a sud, allora è al polo nord e al polo nord gli orsi sono tutti bianchi. House è quindi riuscito a passare da « orso » a « polare » assumendo una correlazione che, espressa come regola del bersaglio, collega « orso » a « polare » perché, ad esempio, possono essere collegati mediante un indovinello.

Dunque, House ha formulato un'ipotesi per spiegare come l'afasico associasse le parole. Lo schema dell'abduzione è il seguente:

Il paziente dice « orso »

Se « orso » stesse per « polare », *allora* il paziente direbbe « orso »

« Orso » sta per « polare »

Per associare le due parole occorre quindi inventare una nuova regola di un ipotetico gioco del bersaglio, in questo caso, la regola che stabilisce che due parole possono essere associate se occorrono insieme in un indovinello, come quello che abbiamo visto: da « orso », che è nel testo dell'indovinello, si passa a « bianco », che è la soluzione. Da « orso bianco » si passa quindi a « polare » per associazione di idee, da cui infine si arriva a « bipolare », la parola rilevante per la diagnosi. Come si vede alla fine dell'episodio, il paziente, nel suo linguaggio incomprensibile, stava appunto cercando di dire ai medici che era affetto da disturbo bipolare, ed è proprio questa informazione a rivelarsi determinante per la diagnosi.

C'è da osservare come il fatto di passare da «orso» a «bipolare» sia effettivamente sorprendente, ed è il colpo di scena dell'episodio II.10. Per farlo, cosa ha fatto House? Ha *inventato* una legge (sull'invenzione della regola sul piano etico → L'IPER-ETICA DI HOUSE) che correla le frasi del paziente a un messaggio determinante per la diagnosi, in modo inaspettato. Fino a quel momento le parole del paziente risultavano sconclusionate, l'ipotesi formulata da House ha spiegato l'enigma.

Il tipo di abduzione praticato comporta l'effetto: quanto più l'ipotesi è inaspettata e ardita per lo spettatore, tanto più genera un effetto sorpresa.[12]

A ben vedere c'è un aspetto sorprendente anche nella ricerca delle ipotesi che implicitamente assumiamo e che, quando ci portano a contraddizione, dobbiamo negare. Abbiamo visto come il ragionamento che consente di sce-

[12] Umberto Eco, nel saggio *Corna, zoccoli, scarpe. Ipotesi su tre tipi di abduzione*, contenuto in *Il segno dei tre*, *op. cit.*, distingue diversi tipi di abduzione, a seconda della creatività delle ipotesi e delle correlazioni introdotte.

gliere quale ipotesi negare può essere considerato un'abduzione. Si pensi all'episodio *Sotto la pelle* (II.13): una modella quindicenne presenta disturbi inspiegabili. Ovviamente, tra le ipotesi implicite c'è anche il fatto che sia una donna. House inventa un'ipotesi per cui i sintomi sono spiegati se si nega che sia effettivamente una donna, ossia assumendo che il problema sia relativo a un organo che non dovrebbe avere: House «inventa un organo», e per rendere coerente la sua ipotesi assume che quello che per tutti è evidente, spettatori compresi naturalmente, sia sbagliato. Un altro esempio di abduzione sorprendente è nell'episodio *Caino e Abele* (III.2), in cui un bambino ha incubi notturni. Tra tutte le ipotesi implicite, c'è anche che il ragazzino sia «*una* persona»: la soluzione del caso è ottenuta da House negando proprio quell'ipotesi: in realtà sono *due* persone, ossia House fa riferimento a un fenomeno di chimerismo, per cui il DNA di due persone diverse è compresente in un solo corpo.

L'effetto che la messa in discussione di queste ipotesi comporta è sorprendente: la trama dell'episodio sembra portarci a negare che una «persona sia una persona» oppure che «una donna sia una donna». Il colpo di scena è qui la negazione di quello che nessuno avrebbe mai messo in discussione.

In *Mr. Jekill e Dr. House* (II.24), un ex paziente entra nello studio e spara ad House. L'ipotesi che in questo caso dovrà essere messa in discussione è quella più nascosta e fondamentale: occorrerà rifiutare che la realtà stessa sia quella che è. House arriva quindi a mettere in discussione l'ipotesi che le sue esperienze siano reali e riesce a scoprire di essere vittima di un'illusione: non aveva effettivamente vissuto le esperienze raccontate nell'episodio.[13]

In conclusione, tanto più l'ipotesi è ardita oppure tanto più è profonda la critica delle nostre certezze, quanto più l'effetto dell'abduzione sarà potente.

Nell'economia degli episodi di House, interessato esclusivamente ai casi eccezionali, la ricerca è già indirizzata verso le ipotesi più sorprendenti: nell'episodio pilota (I.1), Foreman contesta House per le sue ipotesi stravaganti sbattendogli davanti la procedura standard: «primo anno di medicina: se senti gli zoccoli,

[13] L'effetto sorprendente della negazione di ipotesi condivise era ben presente a Poe: nel racconto «Gli assassinii della Rue Morgue» (E.A. Poe, *Gli Assassinii della rue Morgue*, Milano, Mondadori, 1971) il detective Dupin ci sorprende, riesce a risolvere il caso negando quello che tutti davano per certo, cioè che l'assassino fosse un essere umano: il colpevole è un orango.

pensi al cavallo non alla zebra», House risponde ironicamente «siamo al primo anno di medicina?»

Logica e domande

Abbiamo visto il ragionamento deduttivo, che è sicuro, ma non produce nuove idee, e il ragionamento abduttivo, che consente di mettere in gioco una nuova idea, ma non è certo.

Le deduzioni di House, conformi ai canoni della logica e quindi esatte, motivano l'impressione di infallibilità dei suoi ragionamenti, le abduzioni forniscono la struttura logica dell'ipotesi che innesca il colpo di scena. Cosa lega queste due forme di inferenza? Cerchiamo di dare una suggestione di quali siano i sintomi comuni a entrambi i tipi di ragionamento.

Peirce intendeva le abduzioni come *domande*: la proposizione che costituisce la conclusione dell'inferenza abduttiva non è un enunciato dichiarativo, non dice che le cose stanno in un certo modo, è una domanda alla quale è interessante rispondere, perché dalla risposta a tale domanda dipende la spiegazione dei fatti.

Un aspetto evidente delle indagini di House è la natura dialogica dei ragionamenti. House, lamentandosi delle assunzioni di Cameron, le dice ironicamente «complimenti! Le supposizioni sono infinitamente più utili delle domande!» (II.16): le domande sono importanti perché i loro contenuti vengono messi esplicitamente in discussione, le presupposizioni sono da evitare perché nascondono ipotesi che potrebbero essere sbagliate.

La suggestione che proponiamo è quella di intendere i ragionamenti di House come un gioco di domande e risposte. L'avversario della squadra di House è naturalmente la malattia, che tenta, per così dire, di non essere scoperta, come il colpevole di un delitto.[14] La malattia lascia degli indizi, i sintomi, e House e la sua squadra fanno domande alla malattia le cui risposte possono essere rappresentate dall'informazione ricavata dai test, dalle informazioni diagnostiche note, o dall'efficacia delle terapie. Potremmo «leggere» il gioco contro la malat-

[14] Il logico finlandese Jaakko Hintikka, nel suo saggio *Sherlock Holmes formalizzato* (in U. Eco, T.A. Sebeok, *op. cit.*), rappresenta il ragionamento del detective mediante un gioco di domande e risposte a due giocatori, il detective contro la *natura*. Stiamo qui descrivendo una struttura logica analoga a quella proposta da Hintikka, solo che qui usiamo l'abduzione, invece dell'osservazione, come meccanismo per ricavare nuova informazione; inoltre il gioco qui si svolge tra il medico e la malattia.

tia sulla lavagna di House, che solitamente presenta una riga verticale che separa i sintomi (a destra) dalle possibili ipotesi (a sinistra) che li spiegherebbero:

Ipotesi | Sintomi

La malattia inizia il gioco presentando un sintomo. La prima mossa di House è un'abduzione, ossia l'introduzione di un'ipotesi che spiega il sintomo. Un'abduzione è di fatto l'introduzione di una domanda che facciamo alla malattia, si parte sempre da qui: la malattia presenta un sintomo S, formuliamo un'ipotesi I che sembra dare ragione di questo sintomo (cioè sappiamo che vale $I \rightarrow S$); quindi, concludiamo che si debba considerare l'ipotesi I. La correlazione $I \rightarrow S$ può far parte delle conoscenze cliniche, oppure, come nel caso delle spiegazioni sorprendenti, può essere inventata per l'occasione.

Nel gioco di domande e risposte, chiediamo alla malattia se è vera I. Se la risposta della malattia è negativa, ossia ad esempio i test escludono l'ipotesi, allora assumiamo *non I* tra le nostre ipotesi e continuiamo a ragionare.

In questo gioco, le deduzioni sono domande fatte a se stessi: sono le uniche che hanno risposte certe e servono a esplicitare le informazioni a disposizione; ci possono far scoprire, per esempio, quando ci contraddiciamo.

Per essere più vicino all'effettiva pratica del dottor House, il gioco dovrebbe essere molto più complesso; dovrebbe anche tenere conto di situazioni in cui «le malattie mentono», per esempio, presentano sintomi che possono non essere rilevanti per la soluzione del caso.

L'esito di questo gioco di domande e risposte è la diagnosi, ossia una spiegazione coerente di tutti i sintomi. L'ultima domanda di House, nel gioco, è quella che dovrebbe far ammettere al colpevole il suo misfatto, cioè dovrebbe costituire la verifica di tutto l'argomento.

Il gioco che abbiamo visto è vinto da House, se riesce a far ammettere alla malattia la sua identità, mentre è vinto dalla malattia se House non riesce, con le sue domande, a costringerla alla confessione.

Se invece della malattia prendiamo come avversario di House Stacy, nel dialogo dell'episodio (II.10) di cui abbiamo parlato, possiamo dire che il gioco è vinto da House, dato che riesce a esasperare Stacy e a farle confessare che fine ha fatto il suo crocifisso e perché non lo indossa.

Nei casi estremi del dottor House, per risolvere l'enigma, c'è bisogno però di domande speciali, le abduzioni sorprendenti che abbiamo visto. Da questo punto di vista, le abduzioni che generano sorpresa sono domande che catturano, in un colpo solo, tutti i sintomi, presentandoli sotto una luce diversa ossia, come dice Peirce, mettendo insieme «quello che prima non avremmo mai sognato di mettere insieme» (5.181), oppure mettendo in discussione quello che non avremmo mai sognato di mettere in discussione.

C'è sempre, ovviamente, un elemento di rischio che accompagna le domande da mettere in gioco: come abbiamo visto, non c'è garanzia che un'abduzione produca la spiegazione corretta.

La correttezza delle diagnosi di House dipende dalla strategia adottata nel gioco contro la malattia: House usa tutte le regole deduttive con maestria, sa formulare le ipotesi più affidabili, e quando non basta la metodologia standard, sa *inventare* l'ipotesi sorprendente e la legge inaspettata che consentono di definire la diagnosi. Il gioco contro la malattia è una partita a poker, e House è un ottimo giocatore di poker, dato che riesce persino a capire che Wilson ha in mano «due nove», solo dal tono di voce con cui gli risponde al telefono (II.17).

Edgar Allan Poe, descrivendo l'arte del suo

detective Dupin, afferma che l'intelligenza dell'investigatore è la stessa del giocatore di *whist*, un gioco simile all'odierno *bridge*: occorre dedurre, occorre ipotizzare, e naturalmente occorre rischiare.

Titoli di coda

Parole *Vicodin*

ABDUZIONE (RETRODUZIONE, IPOTESI) – Ragionamento che consente di introdurre una nuova ipotesi: si osserva un certo fatto inspiegato *B*, si assume che, se valesse una legge che correla *B* con un fatto *A*, allora *B* sarebbe spiegato, si conclude quindi che è ragionevole considerare l'ipotesi che *A* si verifichi. (Esempio: Questi fagioli sono bianchi. Tutti i fagioli di questo sacchetto sono bianchi. Quindi, questi fagioli vengono da questo sacchetto).

ASSERIBILITÀ GARANTITA – In generale, sta a indicare la possibilità di verificare una certa proposizione; nelle formulazioni più articolate, si riferisce più precisamente alla possibilità di verificare una certa proposizione in condizioni più o meno idealizzate.

CONGIUNZIONE – Enunciato della forma «*A* e *B*». In logica si rappresenta mediante il connettivo logico «$\wedge$», che connette due proposizioni *A* e *B* in modo tale che «$A \wedge B$» è vera se e solo se *A* è vera e *B* è vera. (Esempi: «House è medico e House suona con i Jefferson Airplane» è falso;

«House è medico e House è più alto di Chase» è vero).

CONOSCENZA PROPOSIZIONALE – È la conoscenza che coinvolge proposizioni. Spesso si distingue in: conoscenza soggettiva (dei propri stati mentali, come «So che vorrei vedere il Dr. House»), oggettiva (del mondo, come «So che alla TV stanno trasmettendo il Dr. House») e intersoggettiva (degli stati mentali di altre persone, come «So che Paolo crede che oggi vada in onda il Dr. House»).

CONSEQUENZIALISMO – Concezione dell'etica secondo la quale la correttezza dell'azione morale è determinata dalla considerazione delle sue conseguenze e l'azione moralmente corretta è quella che tende a produrre il risultato migliore possibile.

CONTRADDIZIONE E TAUTOLOGIA – Una contraddizione è una proposizione sempre falsa, per esempio «House è sposato e House non è sposato». La sua negazione è una tautologia, ossia, una proposizione sempre vera, a prescindere dal valore di verità delle proposizioni che la compongono. Per esempio, «House non è sposato oppure House è sposato» è sempre vera, a prescindere dalla situazione coniugale di House.

CREDENZA – Uno stato mentale del tipo «*S* crede che *p*» (per esempio «Credo che Hugh Laurie abbia gli occhi azzurri»). La sua principale caratteristica è quella di poter essere vera o falsa indipendentemente dal soggetto che la intrattiene. Le credenze sono altresì indispensabili nella razionalizzazione del comportamento di un agente.

DEDUZIONE – Ragionamento che lega la verità delle premesse alla verità della conclusione in modo necessario: se le premesse sono vere non può darsi il caso che la conclusione sia falsa. (Esempio: Tutti i fagioli di questo sacchetto sono bianchi. Questi fagioli vengono da questo sacchetto. Quindi, questi fagioli sono bianchi).

DEONTOLOGIA – Concezione dell'etica secondo la quale la correttezza dell'azione morale è determinata dalla sua derivazione da un dovere, un principio formale dell'agire, che presenta l'azione come moralmente necessaria.

DISGIUNZIONE – Enunciato della forma «*A* o *B*». In logica si usa il connettivo «$\vee$» per rappresentare una disgiunzione, «$A \vee B$» è vera se e solo se *A* è vera oppure *B* è vera. (Esempio: «House è genovese oppure House è medico» è vero; «House è più basso di Chase oppure House ha una Fiat» è falso).

DOUBLE BIND (DOPPIO LEGAME) – Termine coniato da Gregory Bateson per designare il dilemma in cui si trova il soggetto costretto a obbedire a una doppia ingiunzione contraddittoria composta da due ingiunzioni opposte vincolanti e inaggirabili emesse contemporaneamente.

EPISTEMOLOGIA – Nell'ambito della filosofia analitica, questo termine ha ormai assunto il significato dell'inglese *Epistemology*, cioè di «filosofia della conoscenza» (rimpiazzando così l'ormai desueto *gnoseologia*). Tradizionalmente, in italiano, con epistemologia si indicava solo la filosofia della scienza, in quanto la scienza è considerata la forma più perfetta – se non addirittura l'unica – di conoscenza.

ETICA – Disciplina filosofica che studia la condotta degli esseri umani e fornisce regole e criteri per stabilire quali siano le azioni moralmente corrette.

FALLACIA – Argomento che ha solo l'apparenza di essere valido, ma che in realtà non produce necessariamente conclusioni vere a partire da premesse vere. Una particolare fallacia è quella d'autorità: Einstein è stato uno dei più grandi fisici del '900; Einstein era convinto che la meccanica quantistica fosse sbagliata; quindi la meccanica quantistica non può che essere sbagliata.

FIGURA ESTETICA – Termine coniato da Deleuze e Guattari per designare quelle grandi figure del pensiero, del romanzo, della scultura o della pittura, che sono irriducibili a dei tipi psicosociali e hanno la potenza di produrre effetti che eccedono le percezioni e le affezioni ordinarie.

GIUSTIFICAZIONE – La ragione, l'evidenza o comunque ciò che può essere portato a favore della credenza in una certa affermazione. In filosofia esistono diverse teorie della giustificazione (coerentismo, fondazionalismo, affidabilismo ecc.).

IMPLICAZIONE (CONDIZIONALE) – Enunciato della forma « se A, allora B ». In logica si rappresenta mediante il connettivo logico « $\rightarrow$ », che lega due proposizioni A e B in modo tale che $A \rightarrow B$ è vera se e solo se non si dà il caso che A sia vera e B sia falsa, ossia, se e solo se A è falsa oppure B è vera. (Esempi: « Se House ha una moto, allora House ha un aeroplano » è falso; « Se House è alto, allora è medico » è vero).

INDUZIONE – Ragionamento che consente di concludere, dall'esame di più casi particolari, un'affermazione che vale anche per casi non considerati. (Esempio: Questi fagioli vengono da questo sacchetto. Questi fagioli sono bianchi. Quindi, tutti i fagioli di questo sacchetto sono bianchi).

LOGICA – Scienza che studia i ragionamenti corretti, ossia validi in virtù della loro forma, a prescindere dai contenuti particolari delle proposizioni coinvolte. In senso stretto, la logica si occupa della deduzione, ragionamento in cui la verità della conclusione è garantita dalla verità delle premesse. In generale, la logica si occupa anche di inferenze non deduttive, come l'induzione e l'abduzione, indagando il modo in cui le premesse aumentano il grado di affidabilità della conclusione.

RESPONSABILITÀ – Condizione di un agente in relazione alle azioni che compie e alle conseguenze che esse producono, di cui egli viene considerato l'autore libero e consapevole.

SINGOLO – Per Kierkegaard si tratta di un « soggetto » che si isola al di là del generale ed esiste in contrasto con il generale, ponendosi così in un rapporto assoluto, cioè senza mediazioni, all'assoluto.

I protagonisti

ACHAB – Protagonista del romanzo di Melville *Moby Dick*. Capitano del *Pequod* ossessionato da una sola incurabile idea: uccidere la Balena Bianca, cui dà la caccia attraverso i mari del mondo. Finale tragico e particolarmente sfortunato: il protagonista, un po' antipatico, è divorato da uno dei pochi animali senza denti, che segue per giunta una stretta dieta macrobiotica.

FRANCESCO BACONE (1561-1626) – Poco tenero con quasi tutti i filosofi che lo hanno preceduto, nel suo testo più famoso, il *Nuovo organo*, denuncia le gravi insufficienze del metodo aristotelico di indagine scientifica e delinea i princìpi di un metodo alternativo. Muore stroncato da una polmonite contratta mentre sta studiando con il nuovo metodo il potere delle basse temperature di rallentare il processo di putrefazione delle carni.

ALAIN BADIOU (1937-) – Allievo di Jacques Lacan, maoista non pentito, si è imposto nel panorama filosofico internazionale con la pubblicazione di *L'essere e l'evento* cui ha fatto seguito, dieci anni dopo, *Logica dei mondi. L'essere e l'evento 2*.

Il che, tra le altre cose, gli permette di tenere i suoi seminari a Parigi dalle 20 alle 22 (un *must*).

JOSEPH BELL (1837-1911) – Professore di medicina di Conan Doyle; gli suggerì le caratteristiche di Sherlock Holmes per via della sua eccezionale abilità nel diagnosticare, con un solo sguardo, non solo la malattia, ma anche l'occupazione o il carattere dei pazienti.

DOTTOR ALLISON CAMERON – La bella. Ufficialmente è stata assunta da House per il suo aspetto esteriore, perché anche l'occhio vuole la sua parte! Specializzata in immunologia; dopo aver a lungo disprezzato House per il suo comportamento immorale, finisce per tentare di emularlo con risultati imbarazzanti.

DOTTOR SEBASTIAN CHARLES – Sebastian salverà migliaia di malati di TBC. House ha salvato la vita di Sebastian. Quindi, House salverà migliaia di malati di TBC.

DOTTOR ROBERT CHASE – Il raccomandato. House dice di averlo assunto dopo aver ricevuto una chiamata dal padre, famoso e influente medico australiano. In realtà è un ottimo dottore specializzato in terapia intensiva, rianimazione e anestesia. Ex seminarista, lo ricordiamo per aver dato il primo bacio a una bambina di nove anni malata terminale e per essersi concesso a una Cameron strafatta di anfetamine.

ARTHUR CONAN DOYLE (1859-1930) – Medico con pochi clienti, quindi scrittore, quindi inventore di Sherlock Holmes. I due litigarono presto, dato che il detective gli rubava tutta la scena. Doyle cercò diverse volte di eliminarlo, riuscendo infine a scaraventarlo giù dalle cascate Reichenbach in Svizzera. Una volta sbarazzatosi del suo ingombrante personaggio, poté finalmente dedicarsi a «cose assai più importanti». Passò gli ultimi anni della sua vita occupandosi di spiritismo e delle fate che abitano i boschi dell'Inghilterra.

NICCOLÒ COPERNICO (1473-1543) – Astronomo polacco che ha sovvertito la millenaria concezione geocentrica del cosmo: dato che la Terra al centro dell'universo stava male – faceva disordine – pensò di metterci il sole: così nacque il modello eliocentrico di cui oggi siamo tutti molto soddisfatti.

DOTTOR LISA CUDDY – Il boss. È forse l'unica che riesce a tener testa ad House, sebbene lo ammiri e rischi spesso per lui. Siccome ha il potere per fermarlo, House cerca di tenerla alla larga quando deve prendere le decisioni più spregiudicate. Dopo aver esaminato una lunga lista di donatori di sperma, resta con l'inconfessato desiderio di farsi inseminare da House.

GILLES DELEUZE (1925-1995) e FELIX GUATTARI (1930-1992) – Insieme hanno scritto *L'Anti-Edipo* e *Che cos'è la filosofia*. Si sono definiti lo Stanlio e Ollio della filosofia, ma alcuni pensano siano, in realtà, il gatto e la volpe. I puristi sostengono che la compagnia di Guattari tenda a rovinare Deleuze, e hanno ragione.

JACQUES DERRIDA (1930-2004) – Inventore della

decostruzione, aspirante calciatore, è diventato uno dei maggiori filosofi del '900, benché non sia stato ancora capito proprio da tutti. Ha scritto più di cento opere e ha detto, per tranquillizzare gli interpreti, che per comprenderlo occorre averlo letto tutto. Oltre alla filosofia Derrida amava lo skate-board, le donne e la serie televisiva *Dallas*.

C. AUGUSTE DUPIN – Detective parigino creato da Poe. Giovane d'illustre famiglia, ridotto in povertà, malinconico, «innamorato della notte», con acume impareggiabile svelò l'enigma dei *Delitti della Rue Morgue*, *Il mistero di Maria Roget*, e il caso della *Lettera rubata*, quest'ultimo risolto senza uscire di casa.

PAUL FEYERABEND (1924-1994) – Filosofo e storico della scienza. È diventato famoso per le sue rivoluzionarie tesi di anarchismo metodologico e per lo slogan «Anything goes!» (Tutto fa brodo!) Forse Ratzinger non lo aveva letto fino in fondo quanto lo citò a sostegno delle proprie tesi circa il caso Galilei... o forse sì. Alla faccia di chi dice che i filosofi non eccellono nei lavori manuali, la sua foto preferita, «Il filosofo al lavoro», lo vede in cucina intento a lavare i piatti.

DOTTOR TAYLOR ERIC FOREMAN – Il ladro. House afferma di averlo assunto a causa di alcuni furtarelli risalenti a quando aveva sedici anni (questo perché nel suo *team* aveva bisogno di una persona spregiudicata, un topo da appartamenti). Specializzato in neurologia, nonostante sia stato quasi lobotomizzato da Cameron, è in realtà il migliore del *team* di House.

GALILEO GALILEI (1564-1642) – Scienziato, matematico e filosofo italiano. Basti dire che si è praticamente inventato il metodo scientifico. Tra l'altro, inventò il cannocchiale (anche la parola, cannone + occhiale). Morì cieco, probabilmente a causa di tutte le maledizioni tirategli dalla Chiesa cattolica, che dopo un secolo passato a mettere a punto la Controriforma, avrebbe dovuto, secondo Galileo, mandare tutto a bagno e adottare la teoria copernicana.

DOTTOR MARTIN HAMILTON – Dottore californiano ex capo di Foreman. Per il suo aspetto e modo di fare potrebbe benissimo essere considerato un anti-House. È gentile, simpatico, competente, ha tutte le doti per essere un ottimo medico, tranne quella di essere House. Per questo non ci piace.

SHERLOCK HOLMES – Celebre detective nato dalla penna di Arthur Conan Doyle. Proprio a lui si sono ispirati gli autori della serie per delineare il personaggio del dottor House. Ecco il semplice «bersaglio»: Holmes – Homes – Home – House.

DOTTOR GREGORY HOUSE – Protagonista indiscusso e personaggio straordinario per eccellenza. Che dire di più?

JEFFERSON AIRPLANE – Gruppo rock degli anni '70. Scrissero una canzone ormai famosa che rivisita in chiave psicotropa l'incredibile viaggio di *Alice nel paese delle Meraviglie*: «White rabbit». Chiedete a Cameron, ne sa qualcosa.

IMMANUEL KANT (1724-1804) – Filosofo tedesco, autore di tre opere fondamentali: *Critica della ragion pura*, *Critica della ragion pratica*, *Critica del giudizio*. Si racconta che i suoi concittadini regolassero gli orologi sulle sue passeggiate pomeridiane. Si dice che, alla ricerca dell'imperativo categorico, fosse solito frequentare le peggiori bettole di Königsberg.

SØREN KIERKEGAARD (1813-1855) – Filosofo danese, nato a Copenaghen, ma meno noto al grande pubblico della Sirenetta. Vive di rendita tutta la vita, manda a monte il fidanzamento con Regine Olsen e per giustificarsi pensa bene di scrivere *Timore e tremore*.

HUGH LAURIE – È l'affascinante attore che interpreta in modo magistrale Gregory House (basta non ricordarlo a recitare il ruolo del buon padre di famiglia nel film per bambini *Stuart Little*).

JOHN STUART MILL (1806-1873) – Filosofo ed economista inglese, autore del *Sistema di logica* e del saggio *Sulla libertà*. Programmato dal padre per diventare una macchina pensante, passò la sua infanzia nell'isolamento: a tre anni iniziò lo studio del greco, a otto lo studio del latino, a dodici lo studio della logica. A ventun anni ebbe un grave esaurimento. Fortunatamente per noi, lo superò.

FRIEDRICH NIETZSCHE (1844-1900) – Filosofo tedesco, autore di numerose opere tra cui ricordiamo *Al di là del bene e del male* e *Così parlò Zarathustra*. Facile alle lacrime, ha teorizzato il superuomo ed è finito a Torino ad abbracciare un cavallo. Hanno abusato del suo nome, in ordine cronologico, la sorella, Hitler e Zucchero. Ha lasciato tra le sue carte la frase «Ho dimenticato l'ombrello». Non si trovano, al momento, in commercio T-shirt con questa scritta.

GUGLIELMO DI OCCAM (1295-1349) – Filosofo inglese, noto per il suo «rasoio». In una delle sue formulazioni, il rasoio di Occam dice che «è inutile fare con più quello che si può fare con meno», che viene tradotto volgarmente in «la spiegazione più semplice è probabilmente quella giusta». Come nota House, occorre cautela: se uno è più semplice di due, allora i bambini li porta la cicogna?

ROSA LOUISE PARKS (1913-2005) – Afroamericana che il 1° dicembre 1955, a Montgomery, per aver rifiutato di cedere il posto a un bianco su un autobus, venne arrestata dalle autorità locali ben attente, come spesso accade agli aguzzini, a far rispettare a tutti, senza distinzioni, le leggi razziste. L'arresto sollevò una protesta che portò all'abolizione della legge che legittimava la segregazione.

CHARLES SANDERS PEIRCE (1839-1914) – Filosofo e logico statunitense. A lui si deve il significato di tre importanti concetti della filosofia contemporanea: abduzione, pragmatismo e semiotica. Il medico che lo assistette negli ultimi anni si lamentava del fatto che ne sapesse più di lui di medicina: Peirce non sbagliava mai, e aveva bisogno di lui solo per la prescrizione delle ricette.

EDGAR ALLAN POE (1809-1849) – Scrittore, poeta, saggista statunitense, gran giocatore di carte. Un mistero avvolge la sua fine. Poe fu trovato in gravi condizioni, a terra, su un molo di Baltimora. Pochi giorni dopo morì non riuscendo a spiegare cosa gli era accaduto. Gli abiti che indossava quel giorno non erano i suoi, le prime ipotesi di *delirium tremens* che circolavano furono in seguito smentite dal medico che lo curò. Si dice che la notte prima di morire pronunciasse il nome «Raynolds».

KARL RAIMUND POPPER (1902-1994) – Filosofo della scienza, autore, tra le altre cose, della *Logica della scoperta scientifica* e dell'importantissimo *La società aperta e i suoi nemici*. Molti critici, non a torto, reputano l'opera superiore anche al *Signore degli anelli* per la straordinaria capacità dimostrata dall'autore di dar vita a un universo storico di pura fantasia abitato da personaggi tutti cattivi (Platone, Hegel, Marx).

SOCRATE (470-399 a.C.) – Nato, vissuto e morto ad Atene, è il padre della filosofia e il protagonista dei dialoghi di Platone. Secondo il dottor House era uno schizofrenico farneticante e ci avrebbe lasciato il miglior metodo per insegnare tutto, «a parte fare il giocoliere con le motoseghe». Si mormora che preferì bere la cicuta piuttosto che tornare a casa dalla moglie Santippe.

EDWARD VOGLER – Miliardario, *businessman*, che,

per un certo periodo, riveste il ruolo di presidente del consiglio di amministrazione della clinica. Ingaggia una personale battaglia contro House per cacciarlo dalla clinica, ma alla fine è lui a essere cacciato. Ricorda, nel fisico e nello spirito, il Marsellus Wallace di *Pulp fiction*. Fa la stessa fine di Marsellus, ma in senso metaforico.

STACY WARNER – Ex compagna di House. Forse l'unica che è riuscita ad aprire una breccia nel suo cuore. Avvocato di successo, per un breve periodo lavora come consulente nello stesso ospedale di House. Sarà anche una coincidenza, ma dei due compagni che ha avuto, uno è diventato zoppo e l'altro è su una sedia a rotelle.

DOTTOR JAMES «JIMMY» WILSON – La coscienza. Sebbene sia un ottimo oncologo, il suo ruolo è quello di migliore (e forse unico) amico di House. Sempre presente nel momento del bisogno, è comunque pronto a dare consigli che, come sa perfettamente, non verranno ascoltati. Nessuno ha mai visto le sue innumerevoli ex mogli. Si dice che si sia accompagnato con una sua malata terminale, ma l'unico dato certo è che ha diviso l'appartamento con House.

Filmografia

Prima stagione

	Titolo italiano	Titolo originale	Prima visione Italia	Prima visione USA
I.1	*Una prova per non morire*	*Pilot*	1° luglio 2005	16 novembre 2004
I.2	*Problemi di adozione*	*Paternità*	1° luglio 2005	23 novembre 2004
I.3	*Una sfida per House*	*Occam's Razor*	15 luglio 2005	30 novembre 2004
I.4	*L'epidemia*	*Maternity*	8 luglio 2005	7 dicembre 2004
I.5	*Sul filo dell'errore*	*Damned If You Do*	5 agosto 2005	14 dicembre 2004
I.6	*Il metodo socratico*	*The Socratic Method*	8 luglio 2005	21 dicembre 2004
I.7	*Fedeltà*	*Fidelity*	22 luglio 2005	21 dicembre 2004
I.8	*Madre controllo*	*Poison*	15 luglio 2005	25 gennaio 2005
I.9	*Rianimazione vietata*	*DNR*	5 agosto 2005	1° febbraio 2005
I.10	*Storie di vite diverse*	*Histories*	22 luglio 2005	8 febbraio 2005
I.11	*Disintossicarsi*	*Detox*	29 luglio 2005	15 febbraio 2005
I.12	*Una vita per un'altra vita*	*Sports Medicine*	29 luglio 2005	22 febbraio 2005
I.13	*Dannato*	*Cursed*	12 agosto 2005	1° marzo 2005
I.14	*Sotterfugi*	*Control*	19 agosto 2005	15 marzo 2005
I.15	*Un mafioso in corsia*	*Mob Rules*	2 settembre 2005	22 marzo 2005
I.16	*Il male dentro*	*Heavy*	2 settembre 2005	29 marzo 2005
I.17	*Un candidato a rischio*	*Role Model*	7 settembre 2005	12 aprile 2005
I.18	*Il minore dei mali*	*Babies & Bathwater*	7 settembre 2005	19 aprile 2005
I.19	*Verità nascoste*	*Kids*	14 settembre 2005	3 maggio 2005
I.20	*I mille volti dell'amore*	*Love Hurts*	14 settembre 2005	10 maggio 2005
I.21	*Il caso House*	*Three Stories*	21 settembre 2005	17 maggio 2005
I.22	*Un uomo solo*	*The Honeymoon*	21 settembre 2005	24 maggio 2005

Seconda stagione

	Titolo italiano	Titolo originale	Prima visione Italia	Prima visione USA
II.1	*Accettazione*	*Acceptance*	3 settembre 2006	13 settembre 2005
II.2	*Il coraggio di morire*	*Autopsy*	3 settembre 2006	20 settembre 2005
II.3	*Sensi di colpa*	*Humpty Dumpty*	10 settembre 2006	27 settembre 2005
II.4	*Conflitto di competenze*	*TB or Not TB*	10 settembre 2006	1° novembre 2005
II.5	*Padri e figli*	*Daddy's Boy*	17 settembre 2006	8 novembre 2005
II.6	*Vortice*	*Spin*	17 settembre 2006	15 novembre 2005
II.7	*Caccia al topo*	*Hunting*	27 settembre 2006	22 novembre 2005
II.8	*Sotto accusa*	*The Mistake*	27 settembre 2006	29 novembre 2005
II.9	*L'anarchia di House*	*Deception*	4 ottobre 2006	13 dicembre 2005
II.10	*Impossibilità di comunicare*	*Failure To Communicate*	4 ottobre 2006	10 gennaio 2006
II.11	*È meglio sapere*	*Need To Know*	11 ottobre 2006	7 febbraio 2006
II.12	*Tutto torna*	*Distractions*	11 ottobre 2006	14 febbraio 2006
II.13	*Sottopelle*	*Skin Deep*	18 ottobre 2006	20 febbraio 2006
II.14	*Sesso assassino*	*Sex Kills*	18 ottobre 2006	7 marzo 2006
II.15	*Senza traccia*	*Clueless*	25 ottobre 2006	28 marzo 2006
II.16	*Al sicuro*	*Safe*	25 ottobre 2006	4 aprile 2006
II.17	*Tutto per tutto*	*All In*	1° novembre 2006	11 aprile 2006
II.18	*Un cane è « per sempre »*	*Sleeping Dogs Lie*	1° novembre 2006	18 aprile 2006
II.19	*House e Dio*	*House vs God*	8 novembre 2006	25 aprile 2006
II.20	*Euforia (prima parte)*	*Euphoria – Part 1*	8 novembre 2006	2 maggio 2006
II.21	*Euforia (seconda parte)*	*Euphoria – Part 2*	15 novembre 2006	3 maggio 2006
II.22	*La forza è dentro di noi*	*Forever*	15 novembre 2006	9 maggio 2006
II.23	*Chi è tuo padre?*	*Who's Your Daddy?*	22 novembre 2006	16 maggio 2006
II.24	*Mr. Jekyll e Dr. House*	*No Reason*	22 novembre 2006	23 maggio 2006

Terza stagione

	Titolo italiano	Titolo originale	Prima visione Italia	Prima visione USA
III.1	*Il significato*	*Meaning*	19 gennaio 2007	5 settembre 2006
III.2	*Zoppo ma... in gamba*	*Cane & Able*	26 gennaio 2007	5 settembre 2006
III.3	*Consenso informato*	*Informed Consent*	2 febbraio 2007	19 settembre 2006
III.4	*Linee nella sabbia*	*Lines in the Sand*	9 febbraio 2007	26 settembre 2006
III.5	*Pazzi d'amore*	*Fools For Love*	16 febbraio 2007	31 ottobre 2006
III.6	*C'est la vie*	*Que Sera Sera*	23 febbraio 2007	7 novembre 2006
III.7	*Ultimo sacrificio*	*Son of a Coma Guy*	27 febbraio 2007	14 novembre 2006
III.8	*Effetto domino*	*Whack-A-Mole*	2 marzo 2007	21 novembre 2006
III.9	*Aspettando Giuda*	*Finding Judas*	9 marzo 2007	28 novembre 2006
III.10		*Merry Little Christmas*		12 dicembre 2006
III.11		*Words and Deeds*		9 gennaio 2007
III.12		*One Day, One Room*		30 gennaio 2007
III.13		*Needle in a Haystack*		6 febbraio 2007
III.14		*Insensitive*		13 febbraio 2007
III.15		*Half-Wit*		6 marzo 2007
III.16		*Top Secret*		27 marzo 2007
III.17		*Fetal Position*		3 aprile 2007
III.18		*Airborne*		10 aprile 2007
III.19		*Act Your Age*		17 aprile 2007
III.20		*House Training*		24 aprile 2007
III.21		*Family*		1° maggio 2007
III.22		*Resignation*		8 maggio 2007
III.23		*Non Blonded*		15 maggio 2007

Fonti

La serie è nata da un'idea di David Shore che ne è anche il produttore esecutivo assieme a Bryan Singer (regista), Katie Jacobs e Paul Attanasio. Negli Stati Uniti il primo episodio pilota è andato in onda sulla Fox il 16 novembre 2004, mentre in Italia è stato trasmesso in prima visione il 1° luglio 2005 su Italia 1.

I personaggi principali della serie sono sei: Dr. Gregory House (Hugh Laurie), Dr. James Wilson (Robert Sean Leonard), Dr. Lisa Cuddy (Lisa Edelstein), Dr. Eric Foreman (Omar Epps), Dr. Allison Cameron (Jennifer Morrison), Dr. Robert Chase (Jesse Spencer).

Nel testo sono riportati numerosi dialoghi e citazioni tratti dalla serie. Per la prima e la seconda serie si è fatto riferimento alla traduzione italiana presente nei DVD, mentre per quanto riguarda la terza serie – in parte non ancora uscita in Italia – gli Autori hanno tradotto direttamente dall'originale inglese disponibile sul sito:

http://community.livejournal.com/clinic_duty/12225.html

Principali riferimenti sitologici

http://www.mediaset.it/brand/italia1/dr_house/schedaprogramma_119.shtml – *sito ufficiale Mediaset.*
http://it.wikipedia.org/wiki/Dr._House_-_Medical_Division – *breve, ma utile introduzione alla serie.*
http://www.house-md.info/index.php – *uno dei siti più completi dedicati alla serie e disponibili in italiano. Vi si trova anche una sezione con le censure fatte alla versione italiana.*
http://www.fox.com/house/ (inglese) – *sito ufficiale Fox.*
http://www.housemd-guide.com/index.php (inglese) – *ottima guida alla serie che non solo offre moltissime informazioni, anticipazioni e curiosità, ma ha anche una sezione dedicata ai rapporti che House ha con Sherlock Holmes e altri personaggi letterari.*
http://community.livejournal.com/clinic_duty/12225.html (inglese) – *elenco completo e costantemente aggiornato degli script originali del film.*

Autori

Blitris3 – M. Cristina Amoretti (Imperia, 1978) ha conseguito il Dottorato di Ricerca in Filosofia presso l'Università di Genova. Si occupa di epistemologia e filosofia della mente.

Blitris4 – Daniele Porello (Genova, 1977) ha conseguito il Dottorato di Ricerca in Filosofia presso l'Università di Genova. Si occupa di logica, metafisica e linguistica.

Blitris1 – Simone Regazzoni (Genova, 1975) ha conseguito il Dottorato di Ricerca in Filosofia presso l'Università di Genova e Paris VIII Saint-Denis Vincennes. Si occupa di estetica e filosofia politica.

Blitris2 – Chiara Testino (Genova, 1976) ha conseguito il Dottorato di Ricerca in Filosofia presso l'Università di Genova. Si occupa di filosofia morale e filosofia politica.

Ringraziamenti

Tra tutti quelli che ci hanno sostenuto e sopportato, un grazie di cuore a Giangiacomo Amoretti, Andrea Bajani, Francesco Chiossone, Gaia De Pascale, Marcello Frixione, Walter Lapini, Anna Longo, Valeria Ottonelli, Carlo Penco, Federica Porello, Micaela Scaranello, Michele Tallero, Nicla Vassallo, Magiù Viardo. Un ringraziamento particolare alla nostra editor Cristina Palomba per aver scommesso su di noi.

Bibliografia

BADIOU, A., *L'etica. Saggio sulla coscienza del Male*, a cura di C. Pozzana, Napoli, Cronopio, 2006.

BAGNOLI, C., *Dilemmi morali*, Genova, De Ferrari, 2006.

BARONCELLI, F., *Il razzismo è una gaffe. Eccessi e virtù del politically correct*, Roma, Donzelli, 1996.

CONAN DOYLE, A., «Il carbonchio azzurro», in *Le avventure di Sherlock Holmes* (1892), trad. it. di T. Lupi, Milano, Alberto Peruzzo Editore, 1988.

CONAN DOYLE, A., *Il segno dei quattro* (1890), trad. it. di T. Lupi, Milano, Alberto Peruzzo Editore, 1988.

DELEUZE, G., GUATTARI, F., *Che cos'è la filosofia?* (1991), trad. it. di A. De Lorenzis, a cura di C. Arcuri, Torino, Einaudi, 1996.

DERRIDA, J., *Donare la morte* (1999), trad. it. di L. Berta, Milano, Jaca Book, 2002.

DERRIDA, J., *Forza di legge* (1991), trad. it. di A. di Natale, Torino, Bollati Boringhieri, 2003.

DONATELLI, P., *La filosofia morale*, Roma-Bari, Laterza, 2001.

ECO, U., SEBOEK, T.A., *Il segno dei tre. Holmes, Dupin, Peirce*, Milano, Bompiani, 2004.

ENGEL, P., *Verità*, Genova, De Ferrari Editore, 2004.

FEYERABEND, P., *Contro il metodo* (1975), trad. it. di L. Sosio, Milano, Feltrinelli, 1979[3].

FONNESU, L., *Dovere*, Scandicci, La Nuova Italia, 1998.

GRASSO, A., *Buona Maestra. Perché i telefilm sono diventati più importanti del cinema e dei libri*, Milano, Mondadori, 2007.

KANT, I., *Critica della ragion pratica* (1788), trad. it. di F. Capra, Roma-Bari, Laterza, 1997.

KIERKEGAARD, S., *Timore e tremore* (1843), a cura di C. Fabro, Milano, Rizzoli, 1986.

PALLADINO, D., *Corso di Logica. Introduzione elementare al calcolo dei predicati*, Roma, Carocci, 2003.

PEIRCE, C.S., *Opere*, trad. it. di M.A. Bonfantini *et al.*, a cura di M.A. Bonfantini, Milano, Bompiani, 2003.

POE, E.A., *Gli assassini della Rue Morgue*, Milano, Mondadori, 1971.

POPPER, K., *La logica della scoperta scientifica* (1959), trad. it. di M. Trinchero, Torino, Einaudi, 1998[3].

VARZI, A., NOLT, J., ROHATYN, D., *Logica*, Milano, McGraw-Hill Italia, 2004.

VASSALLO, N., *Teoria della conoscenza*, Roma-Bari, Laterza, 2003.

Indice

Finito di stampare
nel mese di novembre 2007
per conto della Adriano Salani Editore S.p.A.
da La Tipografica Varese S.p.A. (VA)
Printed in Italy